Kleine Edition 30

ANNE SAUVAGNARGUES

ETHOLOGIE DER KUNST

Deleuze, Guattari und Simondon

Aus dem Französischen von Daniela Voss

August Verlag

INHALT

KUNST ALS SYMPTOMATOLOGIE, ALS EINFANGEN DER KRÄFTE UND ALS BILD DELEUZE ÜBER LITERATUR, MALEREI UND KINO

Die Kunst liefert der Philosophie von Deleuze entscheidende Impulse: Seit dem Erscheinen eines ersten Essays zu Proust im Jahr 1964 beschäftigt sich Deleuze mit Literatur. Ferner interessiert er sich für die nicht-diskursiven Künste – Malerei und Kino –, wobei er einer Linie folgt, die sich von der Sprache hin zur Wahrnehmungsmaterie verschiebt. Die Definition der Kunst als Symptomatologie von Affekten, als Einfangen der Kräfte und schließlich als Bild entspricht dieser Verschiebung. Sie bestimmt sich zunächst mit Blick auf die Literatur, dann in Bezug auf *Francis Bacon: Logik der Sensation* (1981) mit Blick auf eine Analyse der Malerei: Die Definition als Einfangen der Kräfte bringt eine Gemeinsamkeit der Künste ans Licht, die die Literatur an die nicht-diskursiven Künste bindet. Besser noch, sie zeigt an, dass der Effekt der Kunst, die Literatur inbegriffen, nicht auf die sprachliche Dimension reduzierbar ist, sondern eine Semiotik des Effekts, irreduzibel auf eine diskursive Logik, verlangt, eine wahrhafte Logik der Empfindung, eine Semiotik der Affekte. In den achtziger Jahren äußert sich diese Ausweitung der Kunstphilosophie in Bezug auf das Buch *Francis Bacon* als Einfangen der Kräfte, und in Bezug auf die beiden Kinobücher *Das Bewegungsbild* und *Das*

Zeitbild als Bild.[1] Nachdem Deleuze sich auf die Kunsterfahrung gestützt hat, um die Philosophie zu einer Reform ihres „Bilds des Denkens“[2] zu bewegen, bereitet er der Kunst nunmehr einen neuen Weg, der die Bild- und Zeichentheorien vollständig erneuert. Nach seinem Verständnis und in der Folge von Henri Bergsons *Materie und Gedächtnis* ist das Bild nicht einfach eine Kopie, eine mentale Doublette, sondern ein Modus von Materie, ein Komplex realer, dynamischer Kräfte. Der Effekt der Kunst muss sich auf dieser streng positiven Ebene verorten. „Jedenfalls repräsentiert ein Bild keine vorgebliche Realität, es ist für sich selbst seine ganze Realität.“[3]

Weit davon entfernt eine kulturelle Erfindung, ein anthropologisches Unterscheidungsmerkmal zu sein, nimmt die Kunst die Konsistenz und Schlichtheit eines Subjektivierungseffekts an, dem es gelingt, die Affekte in der Materie aktiv werden zu lassen.

Das Einfangen von Kräften

Die Definition der Kunst als Einfangen von Kräften, die Deleuze in *Francis Bacon* aufstellt, ergibt sich zu-

[1] Gilles Deleuze, *Francis Bacon. Logik der Sensation*, München: Wilhelm Fink 2016. Ders., *Das Bewegungs-Bild. Kino 1*, Frankfurt a.M.: Suhrkamp 1989. Ders., *Das Zeit-Bild. Kino 2*, Frankfurt a.M.: Suhrkamp 1991.

[2] Vgl. Gilles Deleuze, *Proust et les signes*, Paris: PUF 1964. Dieses Buch erschien in drei Fassungen in den Jahren 1964, 1970 und 1976. Die deutsche Übersetzung basiert auf der dritten Ausgabe von 1976: Gilles Deleuze, *Proust und die Zeichen*, Berlin: Merve 1993. A.d.Ü.

[3] Gilles Deleuze, *Schizophrenie und Gesellschaft. Texte und Gespräche von 1975 bis 1995*, Frankfurt a.M.: Suhrkamp 2005, S. 204.

nächst (in der Zeitspanne von *Proust und die Zeichen* von 1964 bis *Differenz und Wiederholung* von 1968) mit Blick auf den literarischen Effekt. Hier deutet sich bereits die tiefgreifende Veränderung an, die die Kunst nach Ansicht von Deleuze in Bezug auf die Philosophie bewirkt. Ein Gedanke bricht nunmehr unter der eruptiven Gewalt des Zeichens hervor. Deleuze versteht diesen Ausbruch mit Friedrich Nietzsche und Gilbert Simondon als eine Physik der Intensität, eine Semiotik der Kräfte, die es erlaubt, den Künstler ganz im Sinne von Nietzsche als einen Arzt der Zivilisation anzusehen und der Kunst eine symptomatologische, klinische und kritische Funktion zu verleihen. Der Künstler erschafft eine Karte von Zeichen der eine Gesellschaft durchziehenden Kräfteverhältnisse und evaluiert, das heißt, bestimmt die Machtzustände, auf die diese Kräfte antworten. Mit seiner Theorie der Individuation als intensive Modulation ermöglicht es Simondon, den Effekt der Kunst auf der Ebene der Kräfte zu denken, und nicht bloß auf der Ebene der diskursiven Bedeutungen, und den abstrakten Gegensatz von Materie und Form durch ein intensives Verhältnis von Materialien und Kräften zu ersetzen.

Von der signifikanten Form zur realen Kraft

Die Kunst ist real. Sie übt reale Effekte auf der Ebene der Kräfte, nicht jener der Formen aus. Infolgedessen ergibt sich eine sehr originelle Verschiebung der Kluft zwischen dem Imaginären und dem Realen: Das Imaginäre wird nicht mehr für eine mentale Fiktion und die Kunst nicht mehr für eine kulturelle Zerstreuung gehalten. Während die Kritik der Interpretation in der Literatur an der nicht-literarischen Dimension der Künste festhält, insofern diese zunächst nicht oder nicht ausschließlich das Medium der Sprache durchlaufen, besteht Deleuze stets auf dem realen Aspekt des Imaginären: Bilder müssen auf eine unmittelbare Weise und nicht als Verweis auf eine Bedeutung verstanden werden. Es geht darum, den produzierten Gedanken durch eine Entnahme und nicht durch eine Verallgemeinerung zu gewinnen. Das Imaginäre ist nicht irreal, sondern betrifft die Ununterscheidbarkeit zwischen dem Realen und dem Irrealen – eine Ununterscheidbarkeit, die der Begriff des Einfangens [*capture*] zu entwickeln ermöglicht. „Alle Bilder sind wörtlich und müssen wörtlich genommen werden."[4] Daher kann der von den Bildern hervorgebrachte und angeregte Gedanke von diesen nicht getrennt werden, aber sie bedeuten ihn nicht, wie einen abstrakten Inhalt etwa, den sie repräsentierten. Wir haben es hier mit einem Triumph der nicht-diskursiven Künste zu tun, die nicht auf die Wiederholung oder Dekonstruktion von Formen verpflichtet sind und keinem Regime der Signifikanz entspringen. Nicht dass sie deshalb der Intelligibilität oder des Denkens entbehrten; allein sie sind nicht rückführbar auf eine Bedeutung, geschweige denn auf eine diskursive Bedeutung. Das Einfangen der Kräfte und das Bild regen den Gedanken auf der

4 Deleuze, *Schizophrenie und Gesellschaft*, S. 203.

Ebene der Empfindung an. Kunst vollzieht sich nicht in einer privaten und geistigen subjektiven Dimension: Sie ist weder auf ein symbolisches System noch auf eine Anrufung des Imaginären, des Phantasmas oder des Traums reduzierbar, sondern produziert wirklich Bilder, die uns zum Denken zwingen. „Es gibt keine abstrakten Gedanken, die sich unterschiedslos in diesem oder jenem Bild verwirklichen würden, sondern lediglich konkrete Gedanken, die nur durch diese Bilder und ihre Mittel existieren."[5] Wir haben hier eine Definition des Gelingens in der Kunst: „Ein Bild ist nur soviel wert wie die Gedanken, die es hervorbringt."[6] Im Jahr 1981 widmet Deleuze schließlich ein ganzes Buch den nicht-diskursiven Künsten, indem er sich mit dem Werk Francis Bacons auseinandersetzt. Während er bereits zuvor der Malerei und der Musik zahlreiche Analysen und einige Aufsätze gewidmet hat, befasst er sich nun erstmalig direkt mit der Gesamtheit eines pikturalen Werks und insbesondere der semiotischen Dimension, die er zuvor bereits in Bezug auf die Literatur untersucht hatte. Das Problem einer solchen Semiotik der Kräfte besteht darin, das System der Bilder und Zeichen unabhängig von der Sprache im Allgemeinen zu denken, ohne die komplexen Kräftekonstellationen auf bedeutungstragende Begriffe zu reduzieren. Die ganze Schwierigkeit einer Analyse der Malerei liegt in der Unmöglichkeit, das Werk durch Beschreiben zu verdoppeln, oder der Gefahr, in Ge-

[5] Ebd., S. 199.
[6] Ebd., S. 200.

schwätz oder angewandte Metaphysik zu verfallen. Wie lässt sich die formbare Masse begreifen, und wie lässt sich erklären, auf welche Weise die aus einer linguistisch ungeformten, a-signifikanten und nichtgrammatischen Materie komponierten Gemälde uns zum Denken zwingen? Die Malerei besetzt unser Auge und „errichtet [...] vor uns die Realität eines Körpers, Linien und Farben".[7] Aber das Bild ist keine Aussage und erfordert, gemäß der Unterscheidung von Deleuze, eine Semiotik und keine Semantik, das heißt, eine Theorie der nicht-diskursiven Zeichen, die sich nicht damit begnügt, die Rhetoriken der Signifikanz zu vervielfältigen oder linguistische Operationen nachzuahmen. Die Semiotik definiert sich als System der Bilder und Zeichen unabhängig von der Sprache im Allgemeinen. Daher rührt die Schwierigkeit einer Analyse der nicht-diskursiven Künste, denn es gilt, dem Diskurs beizubringen, was diesem nicht entstammt, und den Gedanken aus einer signaletischen, nicht-linguistischen Materie, die dennoch nicht amorph, sondern semiotisch, ästhetisch und pragmatisch wohlgeformt ist, zu extrahieren. Diese dreifache Bestimmung des Zeichens – als nicht rückführbar auf die Sprache, sinnlich und einen Effekt produzierend – entwickelt Deleuze in *Francis Bacon*; sie ist eine erneute Bearbeitung und Substitut der „Logik des Sinns", die Deleuze im Jahr 1969 ausgearbeitet hat. In dem Übergang von Sinn [*sens*] zur Empfindung [*sensation*] gelangen wir von einer noch auf die mentale Sphäre der Sig-

[7] Deleuze, *Francis Bacon*, S. 50.

nifikanz ausgerichteten Werkanalyse zu einer Logik der Empfindung, einer wahrhaft programmatischen Definition der Ästhetik als Logik des Sinnlichen. Deshalb erweist sich die Analyse des Kinos als so entscheidend, um die Definition der Kunst als Einfangen der Kräfte zu vervollständigen: Mit dem Bild wird die Kraft zum Affekt.

Klinisches und kritisches Einfangen

Deleuze interessiert sich für Bacon wegen der Gewaltsamkeit seiner Malerei – einer Gewalt, die nicht mit dem Repräsentierten zusammenhängt (im Sinne von Schaulust), sondern sich in der plastischen Arbeit mit der pikturalen Materie, den Linien und Farben konzentriert.

Bacon unterscheidet „zwei Gewalten [...], die des Schauspiels und die der Sensation, und sagt, dass man auf die eine zugunsten der anderen verzichten müsse".[8] Deleuze bezieht sich auf die Gewalt der Empfindung seit seiner ersten Studie zu Proust von 1964: als Kriterium für Erfindung oder Erneuerung, die auf eine erhabene Weise als Gewalt und seherische Kraft hervorbricht, als Schock im Denken, als *matter of fact*.[*] Es ist diese aufdringliche, zugleich unerwartete und umstürzlerische Wirkungsweise, die das Einfangen der Kräfte, definiert als eine pragmatische und ästhe-

[8] Ebd., S. 57.
[*] Englisch im Original, A.d.Ü.

tische Gemeinsamkeit der Künste, zunächst verständlich macht.

Alle Künste, wie verschieden auch immer ihre Verfahren sind, fangen Kräfte ein: Diese positive, frohlockende Definition verändert den Status und die Analyse der Künste zutiefst. Die Künste, wie verschieden sie auch sein mögen, antworten auf ein gemeinsames Problem – so die Definition, die nicht im Geringsten die Einzigartigkeit der Künste noch der Werke untergräbt, denn ein Problem erhält je nach den Gegebenheiten verschiedene Lösungen. Ein Problem betrifft Kräfte, nicht Formen: „Denn es gibt eine Gemeinschaft der Künste, ein gemeinsames Problem. In der Kunst und in der Malerei wie in der Musik geht es nicht um Reproduktion oder Erfindung von Formen, sondern um das Einfangen von Kräften."[9]

Indem Deleuze behauptet, dass das Problem der Kunst nicht die aktive Produktion von Formen, sondern das passive Einfangen von Kräften betrifft, kündigt er gleichsam zwei Positionen auf, die gewöhnlich für antagonistisch gehalten werden und durch die man meint, die Frage der Künste regeln zu können – die Frage nämlich, ob die Künste der Nachahmung der Natur und der figurativen Darstellung untergeordnet oder davon befreit sind. Das schlichte, immanente Einfangen von Kräften ersetzt die Erfindung oder Reproduktion von Formen: Es handelt sich weder darum, existierende Formen der Kunstgeschichte zu reproduzieren, noch neue durch eine formale Revolu-

[9] Ebd., S. 53.

tion zu erfinden. Stattdessen beschränkt man sich darauf, real existierende Kräfte einzufangen und so die Kunst auf dem Gebiet einer Symptomatologie der Kräfte oder einer streng immanenten Ethologie operativ werden zu lassen. Das Einfangen der Kräfte ist „klinisch“: Es enthält eine erstaunlich rezeptive Dimension, denn das Einfangen verhält sich zunächst als eine Passivität, ein konkretes Erfassen der Kräfte des Realen, als „Modulation“ – ein Begriff, den Deleuze der Simondon'schen Analyse der Individuation entlehnt und der eine reale Operation innerhalb eines Kräfteverhältnisses bezeichnet. Dies ist eine Einsicht Nietzsches, die Deleuze bereits mit Bezug auf die Literatur an anderer Stelle benutzt hat. Sie macht aus dem Künstler einen Arzt der Zivilisation, denn er führt eine Diagnostik der kaum wahrnehmbaren und das Soziale erschütternden Kräfte durch. Dergestalt verhält es sich auch mit Proust, Zola oder Sacher-Masoch:[10] 1967 stellt sich Deleuze die Literatur als eine Klinik vor, welche die Medizin ergänzt bzw. korrigiert, denn sie situiert sich auf dem Niveau einer Symptomatologie realer Effekte und nicht einer Ätiologie abstrakter Ursachen. Sacher-Masoch erkundet die Subjektivitätseffekte des Masochismus und enthüllt dessen Dynamiken, nicht etwa, weil er pervers, sondern weil er Schriftsteller ist. Die Literatur kommt nicht an zweiter Stelle als imaginäres Zeugnis einer vorliegenden Perversität. Weil er Autor ist, forscht Sacher-Masoch als Archäologe, d.h. er

[10] Gilles Deleuze, „Sacher-Masoch und der Masochismus“, in: Leopold von Sacher-Masoch, *Venus im Pelz*, Frankfurt a.M.: Insel 1980, S. 163–281. Ders., „Zola und der Riß“, in: ders., *Logik des Sinns*, Frankfurt a.M.: Suhrkamp 2014, S. 385–397.

entdeckt Kräfte, Körperstellungen, Verhältnisse, die ohne seinen Eingriff unwahrnehmbar geblieben wären. Das erste Auftreten der Kunst als Einfangen von Kräften nimmt somit, in dieser Optik Nietzsches,[11] die Form einer Symptomatologie von in Kulturen auftretenden Subjektivierungsprozessen an und befestigt das für Deleuze so wichtige Verhältnis von Kunst und Klinik.

1993 erfindet Deleuze den Titel *Kritik und Klinik*, nachdem er dessen Sinn bereits in den Jahren 1964 (*Proust und die Zeichen*) bis 1975 (*Kafka. Für eine kleine Literatur*, in Zusammenarbeit mit Guattari) für die Literatur definiert hat. Dieses letzte zu Lebzeiten publizierte Werk *Kritik und Klinik* ist ein der Literatur gewidmeter Sammelband, der frühere Texte (von 1963) mit späteren Schriften mischt und so von der Kontinuität des Klinik-Motivs zeugt. Das Einfangen von Kräften versteht sich notwendigerweise auf dem Niveau einer Physik der Kräfte, und Deleuze übernimmt von Gaston Bachelard (dem Epistemologen, nicht dem Dichter) das Motiv einer „Phänomenotechnik", einer Technik, die Affekte produziert. Die Literatur besteht darin, ein solches Gefüge aufzustellen: Masoch-Effekt,

[11] Das Motiv des Arztes der Kultur taucht immer wieder in Nietzsches Werken auf, insbesondere in Bezug auf die Rolle des Philosophen (siehe z.B. die Vorrede in *Die Fröhliche Wissenschaft* oder das erste Kapitel in *Die Philosophie im tragischen Zeitalter der Griechen*). Nietzsche scheint jedoch zu dem Schluss zu kommen, dass es nicht so sehr dem Philosophen zustehe, eine Kultur zu begründen bzw. zu „heilen", sondern vielmehr dem Künstler – so in seinen Notizen vom Winter 1873: „Es ist nicht möglich, eine Volkskultur auf Philosophie zu gründen. Also kann die Philosophie im Verhältnis zu einer Kultur nie fundamental und immer nur eine Nebenbedeutung haben. [...] Die Kultur kann immer nur von der centralisirenden Bedeutung einer Kunst oder eines Kunstwerks ausgehen", in: *Werke. Kritische Gesamtausgabe*, Bd. III.4, Berlin: de Gruyter 1978, S. 140–141. A.d.Ü.

Proust-Effekt oder Kelvin-Effekt, und bisher unwahrnehmbare Kräfte aufzuspüren, wobei sich der Name des Autors mit dem von ihm entdeckten Kräftebündel verknüpft. Der Eigenname „bezeichnet etwas, das passiert [...] wie unter einem Spannungsunterschied: ‚Comptoneffekt', ‚Kelvineffekt'".[12] Die Klinik findet sich also auf dem Niveau des Realen, nicht des Imaginären: Sie ist faktisch und realistisch, experimentell und maschinisch; sie produziert Effekte. Zugleich aber ist sie *kritisch*, denn sie ist auf der Tatsachenebene einer Exposition realer, jedoch nicht empfundener Kräfte, die das soziale Feld durchwirken, angesiedelt. Das Kunstwerk enthält diese kritische Dimension, die ihm durch seinen Tatsachenaspekt zukommt.

In *Kafka. Für eine kleine Literatur* wird die Klinik auf dreifache, kraftvolle Weise durch die experimentelle, maschinische und politische Dimension durchgespielt: Sie definiert die kreative, sogenannte „kleine" Literatur durch eine Subversion der Sprache ebenso wie sozialer Codes und Normen der Literatur. Die Kunst und die Literatur erkunden reale Werdensprozesse sozialer Körper: Hierdurch erhält die Literatur eine politische Funktion, die die kritische Dimension der Klinik realisiert. Der zusammen mit Guattari entwickelte Begriff der Maschine bezeichnet diesen Operationsmodus, der eine funktionalistische Definition der Literatur gestattet, anstatt sie an eine Bedeutung oder eine Struktur zu binden.[13] Das Maschinische und

[12] Gilles Deleuze u. Claire Parnet, *Dialoge*, Berlin: August 2019, S. 16.

[13] Siehe Gilles Deleuze u. Félix Guattari, „Einleitung: Rhizom", in: dies., *Tausend Plateaus. Kapitalismus und Schizophrenie II*, Berlin: Merve 2005, S. 11–42.

das Politische bezeichnen präzise die Polarität der kritischen Klinik: Die politische Kritik ist Funktion der maschinischen Klinik; beide Begriffe bereiten die Definition der Kunst als Einfangen von Kräften vor. Diese funktionalistische Definition der Literatur ist auch bestimmend für die Analyse der nicht-diskursiven Künste. Weder die Kunst noch die Literatur sind einer Interpretation der Bedeutung unterstellt, denn ihr spezifischer Typ von Verständlichkeit realisiert sich nicht auf der strukturellen Werkebene eines symbolischen Systems, noch auf der imaginären Traumebene des Autors. Der maschinische Charakter widersetzt sich einem jedem interpretativen Regime des Werks und weist der Philosophie des Werks eine andere Aufgabe zu: die Bestimmung der effektiven Zeichen im Material des Werks, ihre Prüfung und Klassifizierung in operative Typen. Damit vollzieht sich die Transformation von einer Logik des Sinns, die Deleuze noch 1969 verfolgte, in eine Logik der Empfindung, die er 1981 mit dem Buch zu Bacon umsetzt.

Modulation von Kräften und Materialien

Seit den achtziger Jahren finden wir bei Deleuze eine Physik des Werks, die auf Gilbert Simondons Physik der Intensität zurückgreift.[14] Das Einfangen von Kräften betrifft die Malerei oder das Kino genauso so sehr

[14] Gilbert Simondon, *L'Individuation à la lumière des notions de forme et d'information*, Grenoble: Millon 2013. Alle nachfolgenden Übersetzungen aus diesem Werk sind meine, falls nicht anders angegeben, A.d.Ü.

wie die Literatur, denn es verändert die Beziehungen zwischen Form und Materie. Die Tatsache, dass das passive Einfangen auf dem Niveau der Kräfte und nicht der Formen operiert, impliziert, dass es selbst in seiner Neutralität eine polemische Dimension enthält. Ebenso wie die Klinik eine Kritik ist, so verfolgt das Einfangen der Kräfte eine radikalere Kritik als bloß eine formale Revolution, eine oberflächliche Transformation der Formen. Der Wandel in der Kunst muss an der Neuheit der wahrnehmbar gemachten Kräfte spürbar werden: So lassen der Proust-Effekt oder Masoch-Effekt sexuelle Abweichungen wie Homosexualität oder Masochismus erfahrbar werden; der Artaud-Effekt leistet dasselbe für die Erforschung der Randbezirke der Psyche und der Sprache. Diese Neukonzeption der Beziehungen zwischen Formen und Kräften zeugt von der Wichtigkeit der Simondon'schen Analyse der Modulation, die zugleich die Rolle der Kunstanalyse für die Philosophie definiert. Denn die Ästhetik fordert einen neuen Status des Objekts und erneuert den Status der Subjektivität zur gleichen Zeit, wie sie die Beziehungen zwischen Form und Materie transformiert. 1978 stellt Deleuze fest: „Allenthalben wird uns also nahegelegt, nicht mehr in Begriffen von Materie und Form zu denken."[15] Dies ist eine wörtliche Übernahme von Simondons Kritik des hylomorphen Schemas: Es ist notwendig, das Schema der Formgebung, wonach die inerte Materie und die aktive Form in einem Gegensatz stehen, durch den Prozess der

[15] Deleuze, *Schizophrenie und Gesellschaft*, S. 151.

Modulation zu ersetzen, der die Formwerdung als eine Kopplung von Kräften und Materialien und nicht als Aufzwingen einer abstrakten Form auf eine passive Materie vorstellt. Diese wichtige Analyse erlaubt es Simondon, eine Metaphysik und Epistemologie der Intensität zu entwickeln, die von Deleuze auf das Gebiet der Ästhetik übertragen wird. Sie erneuert den Begriff der Form, der nun als Einfangen von Kräften, als mobile und vorläufige Anordnung sinnlich wahrnehmbar gemachter Kräfte aufgefasst wird.

Die Modulation erlaubt es, sich auf dem Niveau der Materie selbst einzurichten und sie als Träger von Singularitäten und Ausdrucksqualitäten zu betrachten. Somit vollzieht sich ein Übergang von einer statischen Opposition der Form und der Materie zu einem mittleren, energetischen und molekularen Bereich. Dieser Übergang ermöglicht die Konzeption einer „sich bewegende[n] energetische[n] Materialität [...], die *Singularitäten oder Haecceïtates* trägt, die bereits so etwas wie [...] implizite Formen sind und mit Deformationsprozessen kombiniert werden".[16] Das Einfangen der Kräfte besteht aus einer solchen Modulation der Empfindungen in einem je nach Fall akustischen, sichtbaren oder diskursiven Material. Aus diesem Grund besteht die Kunst nicht darin, einer Materie eine Form aufzuzwingen, noch einen subjektiven Effekt auf die Empfindsamkeit zu produzieren, sondern „einem Materiestrom zu folgen",[17] d.h. die materiellen Ausdrucksqua-

[16] Deleuze u. Guattari, *Tausend Plateaus*, S. 564.
[17] Ebd., S. 565.

litäten in einem Material auszunutzen, um eine Physik der im Realen gegebenen, jedoch bislang unbemerkten Affekte aufzuzeigen. Das Einfangen verkörpert die Empfindung im Material und stabilisiert in dem Kunstwerk die expressiven Kräfte des Materials und diejenigen des Affekts. „Das Paar *Materie-Form* wird ersetzt durch *Material-Kräfte*."[18] Oder, andernorts: „Es geht nicht mehr darum, der Materie eine Form aufzuzwingen, sondern ein immer reichhaltigeres und konsistenteres Material zu entwickeln, das immer intensivere Kräfte einfangen kann."[19]

Die Kunst, im Sinne von Modulation, kann also als Einfangen der Kräfte definiert werden: Dies kennzeichnet die Gemeinsamkeit der Künste, ihr gemeinsames Problem. Der Gegensatz zwischen Form und Materie wird abgelöst durch die Bildung eines expressiven Materials auf dem Niveau des Werks selbst. Hier handelt es sich um einen Gewinn für die ästhetische Analyse, insofern diese auf eine echte Semiotik des Materials abzielt. Auf dieselbe stützt sich die Logik der Empfindung, welche „Haecceïtates" oder Singularitäten ermittelt und sich ihrer bedient, um die Werk-Betrachter-Beziehung in Form von Affekten und Empfindungen, die gleichfalls als Modulation verstanden werden müssen, zu behandeln. Infolgedessen gestaltet sich die Analyse aller Künste, inklusive der Literatur, völlig neu. An die Stelle des abstrakten Gegensatzes von Materie und Form setzt Deleuze, der Simondon'schen

[18] Deleuze, *Schizophrenie und Gesellschaft*, S. 151.
[19] Deleuze u. Guattari, *Tausend Plateaus*, S. 449.

Definition der Modulation folgend, eine Kopplung von Materialien und Kräften, welche nur durch die Materialien wahrnehmbar werden. Dieses Experiment erneuert die Kunstphilosophie gänzlich, denn sie verbannt das Zeichen von der transzendenten Ebene des Sinns, um es auf der materiellen Ebene der Kräfte einzufangen. Die Analyse der verschiedenen Künste ist also einer konkreten Semiotik unterstellt, die Typen von sinnlichen, hörbaren und sichtbaren Bildern ermittelt, die Zeichen auflistet und klassifiziert (wie wir es am Beispiel des Kinos zeigen werden), und die von derartigen Bildern hervorgerufene Denkweisen freilegt. Damit präzisiert sich die Aufgabe der Semiotik folgendermaßen: Die Entwicklung eines Materials und der in ihm enthaltenen Potentialitäten muss auf einer Ebene der Affekte beschrieben werden. Was die Musik betrifft, so ist das, „[w]as sich herausgebildet hat, [...] ein höchst elaboriertes Klangmaterial, nicht mehr eine rudimentäre Materie, die eine Form erhielt. Und die Kopplung erfolgt zwischen diesem überaus elaborierten Klangmaterial und Kräften, die von sich aus nicht klanglich sind, sondern durch das Material, das sie wahrnehmbar macht, klanglich oder hörbar werden."[20]

Die Musik setzt für das Ohr einen Klang frei und entkörperlicht die Körper, so dass man von einem akustischen Körper sprechen kann, ebenso wie die Malerei unsere Augen „überall" hineinversetzt und die Bildmaterie körperlich werden lässt. Musik und Malerei errichten unterschiedliche sinnliche Systeme, und

[20] Deleuze, *Schizophrenie und Gesellschaft*, S. 151.

ihre Effekte modulieren nicht dieselben Kräfte, noch dieselben Materialien. Dies lässt den Weg für eine Analyse der einzelnen Künste offen. Jedoch besteht ihr gemeinsames Problem – gemeinsam, obwohl ihnen jeweils eine verschiedene Behandlung zukommt – in der Rückbeziehung der Empfindung auf ihre energetische oder intensive Dimension, also in der Steigerung derselben, so dass das Einfangen nicht empfundener Kräfte möglich wird. Wenn also Malerei und Musik hinsichtlich ihrer Mittel und ihrer Effekte divergieren und selbst wenn man in einem gewissen Sinne behaupten kann, dass die Musik dort beginnt, wo die Malerei endet, so haben doch beide mit der Empfindung zu tun. Die nicht wahrnehmbare Kraft ruft die Empfindung hervor: Sie ist deren Bedingung. Die Malerei muss als sichtbare Zurschaustellung nicht sichtbarer Kräfte definiert werden und diese Definition ist auf alle Künste anwendbar. „Wie wird sich die Sensation hinreichend auf sich selbst zurückwenden können, sich entspannen oder kontrahieren können, um in dem, was sie uns gibt, die nicht-gegebenen Kräfte einzufangen, um die nicht-spürbaren Kräfte spürbar zu machen und bis zu ihren eigenen Bedingungen vorzudringen? Auf diese Weise muss die Musik die unhörbaren Kräfte hörbar und die Malerei die unsichtbaren Kräfte sichtbar machen.“[21] Dies führt jedoch nicht zu einer abstrakten Assimilation der verschiedenen Künste: Die Malerei unterscheidet sich von der Musik. Das Kino, die Literatur schlagen andere

[21] Deleuze, *Francis Bacon*, S. 53.

Bildtypen, andere Zeichenkonstellationen vor. Die spezifische Aufgabe der Malerei ist es, „die materielle Realität des Körpers, mit ihrem System Linien/Farben und ihrem mehrwertigen Organ, dem Auge",[22] sichtbar zu machen. In dieser Hinsicht ist Bacon, so wie alle Maler, die in diesem Sinn schöpferisch tätig sind, wohl inbegriffen in eine Geschichte der Malerei, die er auf seine Weise wiederaufnimmt und auf singuläre Art zusammenfasst, indem er sie transformiert und die Frage des Porträts und der menschlichen Figur erneut durchspielt. „Es scheint, dass die Figuren Bacons in der Geschichte der Malerei eine der großartigsten Antworten auf die Frage sind: Wie lassen sich unsichtbare Kräfte sichtbar machen?"[23]

Francis Bacons Figuren

Als „Figur" bezeichnet Deleuze die Weise, in der Bacon Kräfte, Erwartungshaltungen und Körperregungen aufzeigt. Deleuze beharrt darauf, dass es nicht um die Transformation der Formen, sondern um die Deformierung der Körper geht. Entsprechend begnügt sich Bacon nicht mit abstrakten Transformationen der Form, sondern dringt zu den realen Deformationen des Körpers vor – Deformationen, die es auf der Ebene der Materialien, der Haecceïtates der Malerei und der durch sie produzierten Affekte zu erfassen gilt. Bacon

[22] Ebd., S. 51.
[23] Ebd., S. 54.

gibt sich nicht damit zufrieden, das Formenvokabular zu erneuern; er fängt neue Kräfte ein und modifiziert unsere eigenen Empfindungen, indem er in dem Bildmaterial neue Perzepte und neue Affekte, neue Empfindungen erfasst. Die von Deleuze vorgeschlagene Definition der Malerei ist also anwendbar auf die gesamte Kunstgeschichte. Malen bedeutet gleichsam Malen der Empfindung, welche die Körper deformiert, und so ist es schon immer gewesen. Das Einfangen von Kräften besteht in dieser Individuation, die nicht auf eine Kombination von Form und Materie hinausläuft und die Deleuze, Simondon folgend, „Haecceïtas" des Materials nennt. Letztere ermöglicht es, rhythmische Gestalten zu definieren; das Material selbst muss die noch nicht entdeckten Kräfte sichtbar machen. Diese Kräfte in Bezug auf Bacons Malerei betreffen Kräfte des Körpers, die durch differentielle Operationen im Material – große monochrome Flächen, willkürliche Flecken, das Auswischen mit einer Bürste – sichtbar gemacht werden. Auf diese Weise entgeht Bacon, nach Ansicht von Deleuze, der Figuration, der Illustration oder Narration, der konventionellen Repräsentation des Körpers.

Deleuze stellt folglich die Figuration dem Figuralen – ein von Lyotard entliehener Ausdruck – entgegen.[24] Es gibt keine Narration, sondern ein figurales Ereignis: Etwas ereignet sich, findet statt, etwas geht vor sich bei der sinnlichen Entstehung der Figur, das dem intensi-

[24] Jean-François Lyotard, *Discours, figure*, Paris: Klincksieck 1971 und Gilles Deleuze, „Würdigung", in: ders., *Die einsame Insel. Texte und Gespräche von 1953 bis 1974*, Frankfurt a.M.: Suhrkamp 2003, S. 313f.

ven Register der Körperdeformation (dem Figuralen) und nicht der abstrakten Illustration und der Transformation der Formen (dem Figurativen) angehört. Wie jedoch dem figurativen Klischee, der Reproduktion von Formen oder ihrer abstrakten Bearbeitung entkommen? Es genügt nicht, das Klischee zu missbrauchen, um dem Figurativen zu entgehen. Die Lösung liegt in dem Einfangen der Kräfte, um die Empfindungen zu modifizieren, denn die Form adressiert sich „an das Gehirn [...], [wirkt] über das Gehirn",[25] und funktioniert letztlich wie ein Klischee, d.h. wie ein konventionelles, erstarrtes, verallgemeinertes Bild. Die Form muss als ein Komplex von Kräften, als Figur, begriffen werden; sie ist „die auf die Sensation bezogene sinnliche Form", die unmittelbar auf „das Nervensystem"[26] einzuwirken erlaubt, indem sie einen Schock – diese gewaltsame Sensation, die ein Meisterwerk auszeichnet – produziert. Insofern die Figur als „sinnliche Form" bezeichnet wird, geht es nicht um die Zurückweisung von Formen schlechthin, sondern um den Vorschlag einer neuen Konzeption der Form als materiell und sinnlich, variabel und intensiv, als Modulation und nicht als gegebene abstrakte Form. Für Deleuze ist die Form zusammengesetzt aus einem Kräfteverhältnis; strenggenommen gibt es also nur Kräfte und die Formen sind ein Werden der Kräfte. Die Figur reproduziert nicht einen durch seine individuelle Form geformten Körper, sondern bemüht sich,

[25] Deleuze, *Francis Bacon*, S. 35.
[26] Ebd.

alle Körperimpulse sichtbar zu machen. Bacon kann sich also vorzugsweise an die klassischen Genres der Darstellung des menschlichen Körpers und des Porträts halten, er erneuert nichtsdestoweniger die Richtung der Malerei grundlegend: Sein kreatives Vermögen darf nicht am Maßstab des Gegenstands der Malerei noch an irgendeiner Dekonstruktion der Gattung gemessen werden, sondern an der gewaltsamen Kraft, mittels derer er das Problem des Porträts anhand des Figuralen durchspielt. Die Form ist also eine Angelegenheit von Kräften, sobald sie auf die Empfindung bezogen wird, wohingegen sie eine Reproduktion des Klischees bleibt, sofern sie sich an die Kopie oder an die Bearbeitung von Bildformen der Vergangenheit hält. Deshalb ist die Kunst ein Einfangen von Kräften und nicht die Erfindung von Formen. Die auf die Empfindung bezogene Form wird Figur und hat nichts zu tun mit einer Form, die sich auf ein Objekt, das sie repräsentieren soll, bezieht. Die Figur ist also eine Idee in einem von Deleuze ausgearbeiteten, äußerst speziellen, nicht mentalen Sinn. „Was ich Ideen nenne, sind Bilder, die zu denken geben",[27] und die, weil sie Bilder sind, sich als Empfindung darbieten. Die Aufgabe einer Logik der Empfindung wird damit deutlicher: durch empirisches Erfassen das Funktionieren der Malerei, das Entstehen der Figur bei Bacon zu bestimmen. Deleuze führt drei piktorale Elemente Bacons auf: die Figur, die großen Flächen als raumgebende

[27] Deleuze, *Schizophrenie und Gesellschaft*, S. 199.

materielle Struktur und den Ort (d.h. die Rampe oder Kontur), der die Figur stabilisiert.

Die Bewegungen der Figur

Das, was Deleuze „Figur“ nennt, ist weniger die menschliche Gestalt, der Kopf oder Körper, der sich im Gemälde abzeichnet, als vielmehr die dynamischen Wechselwirkungen, die Ströme, die Kräfte der Isolation, Deformation, Auflösung, die die Beziehungen zwischen den drei piktoralen Elementen (Figur, Flächen, Kontur) betreffen. Die Figur bezeichnet zunächst in einem ersten Sinn zumeist die menschliche Gestalt. Was Deleuze jedoch das Ereignis der Figur nennt, bezieht sich stets auf das dynamische Spiel, das die drei Bildelemente zusammentreffen lässt und sie rhythmisch in Szene setzt. Die großen Flächen (die materielle Struktur) sind dem Ort (der Rampe, Kontur, der ausgewählten Arena, Pfütze oder Matratze) gegenübergestellt. Der Ort begrenzt die Gestalt und richtet sie auf: Dies ist die Figur im ersten Sinne, als Tatsache des Körpers. Die Konturen und vibrierenden monochromatischen Flächen fungieren, so Deleuze, als relativ undefinierte Bewegungen, als operatives Milieu, in dem sich der Bezug der Figur zum Ort, der sie isoliert und aus dem sie hervorgeht, bestimmt, d.h. das Auftauchen, das Ereignis der Figur. Bacons Stil hält sich an die folgende Formel: Die drei Bildelemente (Flächen, minimale Hintergrundausstattung, menschliche Figuren) kommen in der Farbe derart zusammen, dass der Effekt des Gemäldes auf eine „Modulation der Farbe" hinausläuft. Letztere belebt die Figur gemäß zwei gleichzeitig ablaufender Bewegungen, einer zweifachen dynamischen Beziehung, die sich als Athletik der Figur, als ihr Vermögen zur Deformation, als gewaltsamer Körperkontakt mit der Empfindung definiert. Die erste Bewegung verläuft von der materiellen Struktur oder Farbfläche zur Figur und verdrängt sie, indem sie dieselbe zusammendrückt oder einschließt. Diesen Ort der Figur, der weniger räumlich ist als vielmehr statt hat, nennt Deleuze eine Tatsache, die Tatsache der Figur. Die Bewegung existiert gleichzeitig mit einer zweiten Bewegung von der Figur zur Farbfläche, zur materiellen Struktur: Hier strebt die in Kontraktionen begriffene Figur, sich durch die Kontur zu verflüchtigen und in der materiellen Struktur aufzulösen. Diese zweite Richtung des Austauschs oder zweite Form der Athletik drückt den Rhythmus, den Herzschlag des Gemäldes aus. Die Figur findet nicht nur statt; durch eine statische, den Körper als intensive Bewegung durchlaufende Deformierung auf der Stelle tritt sie auf als Ereignis, als „deformierende-deformierte Bewegung",[28] die nicht nur das reale Bild des Gemäldes affiziert, sondern auch die Empfindung, physisch registriert vom Betrachter, der mit jedem Augenblick das reale Bild auf den Körper bezieht, um die Figur zu konstituieren. Dieser „Herzschlag" belebt die Empfindung im Bild: Er umfasst eine Systole, die die Figur an ihrem isolierenden Ort deformiert (Bewe-

[28] Deleuze, *Francis Bacon*, S. 22. [Übersetzung geändert, A.d.Ü.]

gung von der Fläche zur Figur), und eine Diastole, die die Figur aus dem Bild verdrängt. Es handelt sich um eine vibrierende Dynamik auf der Leinwand, wobei die Kontur, zwischen Fläche und Figur gelegen, auftritt als eine Membran, die die Kommunikation der Kräfte in beide Richtungen sichert. Das, was zwischen der Figur und der materiellen Struktur vonstatten geht, dieser Herzschlag, der zugleich Systole und Diastole alterniert, ist der Rhythmus. Zur selben Zeit schnürt die Systole den Körper ein in der Bewegung von der Struktur zur Figur, während die Diastole den Körper „ausdehnt und auflöst" in der Bewegung von der Figur zur Struktur. Die Koexistenz dieser Bewegungen, so der Kommentar von Deleuze, formt einen Rhythmus, der die Empfindung aufblättert, sie zu einer synästhetischen oder synthetischen wandelt und bewirkt, „dass sie unter Einwirkung von Kräften verschiedene Ebenen durchläuft".[29] Die verschiedenen Bewegungen, die jede Malerei ausmachen, können auf zwei grundsätzliche Kräfte zurückgeführt werden: Kräfte der individuierenden Aktualisierung (von der Struktur zur Figur) und der durchdringenden Deformation oder des intensiven virtuellen Werdens (von der Figur zur Struktur). Bacons Malerei fängt somit das Werden und die Modulation des Aktuellen (Systole) und des Virtuellen (Diastole) ein. Die gemalte Empfindung ist verzeitlicht, aufgeteilt zwischen individuierender Aktualisierung (aktuelle Entwicklung) und intensi-

[29] Ebd., S. 60.

ver Differentiation des organlosen Körpers (virtuelles Ereignis). Die Empfindung ereignet sich als Vibration.

Vibrationen und organloser Körper

Der Rhythmus des Gemäldes ergibt sich durch die empirische Registrierung der Bewegungen, die sich zwischen den beteiligten Elementen abspielen und deren Formel einen Stil definiert. Er enthüllt die Empfindung als Vibration und intensive Deformierung des Körpers. Das, was „passiert", was die Figur qualifiziert, sind Bewegungen, die die Figur beleben, die Deformierungskräfte des Körpers einfangen und sich nicht in der narrativen Reproduktion des Klischees und der Wiederholung der Formen erschöpfen. Stattdessen produzieren sie, nach einem Ausdruck Bacons, einen Schock für das Nervensystem. Die Empfindung malen, bedeutet also das Verhältnis von Kraft und Empfindung malen, den Moment der Geburt, der Vibration einer Empfindung, die sich vom Bildmaterial auf den Betrachter übertragen kann (siehe die großartige Analyse der taktilen Farbe). Diese Übertragung der Empfindung definiert die Figur. Der Schock entspricht der energetischen oder intensiven Definition eines Meisterwerks, das einen Effekt zu produzieren imstande ist, und verweist zudem auf die Theorie des organlosen Körpers, die Deleuze zunächst im Kontext der Poesie ausarbeitet. Er findet sie bei Antonin Artaud, entwickelt sie dann jedoch weiter im Kontext der Lebenswissenschaften, im Anschluss an Geoffroy Saint-Hilaire und Georges Canguilhem.

Der organlose Körper greift die Diskussion um die intensiven Kräfte und abstrakten Formen auf der Ebene des Organismus, d.h. der Repräsentation, die man sich vom Körper macht, wieder auf. Das Organ ist eine abstrakte Form und beherrscht die Repräsentation des organischen Körpers, der auf seine Organe zentriert, hierarchisiert und der Kontrolle des wichtigsten Organs, des Gehirns, untergeordnet ist. Insofern der Körper auf die ihn durchquerenden Kräfte bezogen ist, muss er organlos genannt werden, er „wird von einer intensiven Bewegung durchlaufen“:[30] „Man möchte glauben, dass Bacon Artaud in vielen Punkten begegnet: Die Figur ist exakt der organlose Körper (den Organismus zugunsten des Körpers, das Gesicht zugunsten des Kopfes auflösen).“[31] Bacons „hohe *Spiritualität*“ führt ihn „über das Organische hinaus, auf die Suche nach elementaren Kräften“,[32] die ihm gestatten, dem somatischen Klischee zu entkommen und der deformierenden Bewegung des Körpers, d.h. seiner intensiven Variation, zu folgen. Auf diese Weise erreicht er die Figur und entkommt dem Figurativen. „Bacon [hat] unablässig organlose Körper, das intensive Faktum des Körpers gemalt.“[33]

Die Empfindung bricht mit den Grenzen der körperlichen Einheit, befreit die den Organismus ein-

[30] Ebd., S. 22.
[31] Ebd., S. 44.
[32] Ebd., S. 45.
[33] Ebd., S. 44.

zwängende Form und stellt sich dem „Zusammentreffen der Welle mit Kräften, die auf den Körper einwirken, ‚affektive Athletik', gehauchter Schrei; wenn sie derart auf den Körper bezogen ist, bleibt die Sensation nicht länger repräsentativ, sie wird real".[34] Bacon ist mithin in der Lage, das machtvolle, inorganische und den Körper beseelende Leben spürbar zu machen, und die Kräfte, die er einfängt, sind solche des organlosen Körpers. Deleuze bezeichnet sie auch als intensives Werden oder Tier-Werden, um auf dasselbe intensive Vermögen der Deformation, das Hinauslaufen auf eine Grenze oder die sublime Auflösung der individuellen Form hinzuweisen.[35] Die Figur erfährt „in einer Reihe krasser Deformationen [...] ein ungewöhnliches Tier-Werden".[36]

Die umwälzende Deformation der Körper besteht in der gewaltsamen Modulation der organischen Form unter dem Druck von Kräften, welche die Form bilden und überdehnen und denen sie antwortet und Widerstand leistet. Daher betrifft die Figur nicht nur den isolierten Körper der menschlichen Gestalt, die von den Flächen und Konturen umzingelt ist, sondern das dynamische Beziehungsnetz, bestehend aus der durch die anderen piktoralen Elemente vibrierenden Gestalt, die dem machtvollen, inorganischen Leben des „deformierte[n] Körper[s], der entweicht"[37], unterworfen ist. Der organlose Körper lässt das Vermögen der

[34] Ebd.
[35] Ebd., S. 24 und Kapitel 4.
[36] Ebd., S. 33.
[37] Ebd., S. 21.

Kräfte spürbar werden, und er erweist sich als radikaler, einschneidender und subversiver als der phänomenologische Rhythmus, der noch zu sehr an den Leib, an die Definition des domestizierten und alltäglichen Körpers gebunden ist. Der organlose Körper befreit mithin die intensive Seite des Körpers; dieser Körper ist nicht so sehr ohne Organe als vielmehr bebend von unbeständigen, veränderlichen Organen. Der Bilderrahmen enthält nicht mehr bloß auf statische Weise einen Körper, der Platz findet und statt hat, sondern wandelt sich zum intensiven Ausgangspunkt eines Auftauchens: Ereignis der Figur und intensives Streben, den organischen Grenzen des Körpers zu entkommen.[38] Diese rhythmische Vibration, die durch die dynamische Interaktion zwischen Figur, Struktur und Grund erzielt wird, sichert der Malerei Bacons ihre sinnliche Kraft. Sie ermöglicht es ihm, die narrative, anekdotische, spektakuläre Figuration zu überwinden, im Einklang mit dem spezifischen Weg, den er gewählt hat: den des nicht figurativen Porträts.

Überwindung der Figuration, Malen der Empfindung

Die Unterscheidung zwischen dem Figurativen und dem Figuralen sowie der Imperativ, die Figuration zu überwinden, dürfen jedoch keinesfalls als Errungenschaft der modernen Malerei verstanden werden.

[38] Ebd., S. 19.

Wenn es auch stets darum geht, die Malerei dem Figurativen zu entreißen, so gelingt dies der alten Malerei für ihren Teil hervorragend, wohingegen die zeitgenössische Malerei größere Schwierigkeiten hat, dies angesichts ihrer Belagerung durch das Klischee, d.h. das vollständig gegebene Bild oder die konstituierte Form, zu bewerkstelligen. Die Überwindung der Figuration vollzieht sich auf verschiedenen Wegen: Die alte Malerei befreit durch den göttlichen Atem Präsenzen des unorganisierten Körpers und lässt sie durch das Koordinatennetz des organisierten Körpers schlüpfen. Die zeitgenössische Malerei schwankt zwischen ungeformter oder intellektueller Abstraktheit und dem Weg der Figur.[39] Dieser Weg der Figur beinhaltet dank der materiellen Dimension der Malerei eine Durchdringung von Körpern, einen Austausch mit vitalen inorganischen und den Körper durchlaufenden Kräften. Somit ist die Definition der Malerei, die Deleuze in *Francis Bacon* entwickelt, zugleich von einer entwaffnenden Einfachheit und von großer Tragweite für die gegenwärtige Malerei. Die Malerei hat, jenseits der Gattungen und Stile und weit entfernt von den Diskursen über Formen, mit der Empfindung zu tun. Besser noch, die Malerei malt Empfindung. Die Wege, auf denen die Malerei diese Produktion der Empfindung zu erreichen versucht, sind von großer Verschiedenheit und ziehen sich durch eine von sehr verschiedenen Verfahren geprägte Geschichte der Malerei. Es handelt sich jedoch jedes Mal um diesen ästhetischen

[39] Ebd., S. 35.

Schock, der buchstäblich im Nervensystem situiert werden muss und als Ereignis für den Körper auftritt, als Empfindung, die in dem Material der Malerei begriffen ist.

Werden versus Ähnlichkeit

Aus den dargelegten Gründen ist die Farbe in *Francis Bacon. Logik der Sensation* definiert als Modulation, als „zeitliche, variable und kontinuierliche Gussform".[40] Die Modulation gestattet es, der Ähnlichkeit zu entgehen und das Verhältnis zwischen Material der Kunst und produzierter Empfindung als heterogenes und zeitliches zu denken. Dieses heterogene Verhältnis, das als Einfangen von Kräften, als Werden und nicht als Imitation, als Ununterscheidbarkeit und dennoch als Heterogenität der präsent gemachten Kräfte vorgestellt wird, ist Grundlage dessen, was Deleuze als Block des Werdens bezeichnet. Der Unterschied zwischen photographischem Bild und kinematographischem Bild leitet sich von demselben Prinzip her. Das Kino substituiert das statische Equilibrium des unbewegten Schnitts des Klischees durch einen bewegten Schnitt oder eine Modulation, die „nicht damit aufhört, die Form zu modifizieren, bis zur Konstitution einer veränderlichen, kontinuierlichen und zeitlichen Form".[41] Mit anderen Worten, es geht von der statischen Form

[40] Ebd., S. 117; siehe auch Simondon, *L'Individuation*, S. 47.
[41] Deleuze, *Das Bewegungs-Bild*, S. 43.

zu dieser intensiven und dynamischen Konzeption der Form als Werden von Kräften über. Der Unterschied zwischen abstrakten Formen (aristotelische Form) und intensiven Kräften oder sinnlichen Formen (Modulation), der in dieser neuen intensiven Konzeption der Form als kontinuierliche Variation zum Tragen kommt, gewährleistet einen Bezug der Kunst zum Ausdruck. Es wird plötzlich möglich, den Rückgang auf imaginäre Ähnlichkeit oder strukturale Analogie – so als wolle die Kunst ein sinnliches Modell kopieren oder eine intelligible Struktur begreifen – zu vermeiden. Infolge seiner Zusammenarbeit mit Guattari ersetzt Deleuze die erwähnten Theorien durch eine Theorie des Werdens, des Tier-Werdens, des Minoritär-Werdens, deren Vorzug es ist, den Ausdruck in der Kunst ohne Abschaffung des mimetischen Gehalts zu denken. Sie bewirkt den Übergang von einer auf Ähnlichkeit basierenden Imitation zu einer Symbiose des biologischen Typs, einer Koevolution, einem aparallelen Werden (dargelegt in dem Beispiel von der Einfangensbeziehung zwischen Wespe und Orchidee),[42] das aus der Kunst eine vitale Operation macht. Mit dem Begriff des Einfangens versucht Deleuze, die Kunst und die Geisteswissenschaften von einer Theorie des imaginären Abbilds oder der strukturellen Homologie zu befreien: „Das Analoge und das Digitale, die [imaginäre] Ähnlichkeit und der [strukturelle, symboli-

[42] Vgl. Anne Sauvagnargues, „Deleuze. De l'animal à l'art", in: François Zourabichvili u.a., *La Philosophie de Deleuze*, Paris: PUF 2004, S. 117–227, hier S. 164–173. [Zum Beispiel des aparallelen Werdens zwischen Wespe und Orchidee siehe Deleuze u. Parnet, *Dialoge*, S. 10f. A.d.Ü.]

sche] Code kommen zumindest darin überein, daß sie beide *Formen* [*moules*] sind, jenes durch seine wahrnehmbare Gestalt, dieses durch seine intelligible Struktur."[43] „Form" [*moule*] wird hier im Simondon'schen Sinne einer abstrakten und hylomorphen Repräsentation der Form verstanden. Deleuze verabschiedet zugleich das Imaginäre (und in diesem Zusammenhang jede psychoanalytische Theorie, die das Werk auf eine Interpretation seines Autors oder seines Rezipienten zurückführt) sowie das Strukturelle (und mithin jede formalistische Theorie, die den Effekt der Kunst auf ihre interne Struktur reduziert). Das Einfangen der Kräfte öffnet der Kunstphilosophie einen neuen Weg. Wider die Hermeneutik, die das Werk an das Subjekt kittet, wider die soziologische oder strukturelle Interpretation, die in dem Werk die Effektivität objektiver Strukturen ausfindig macht, ermöglicht das Einfangen der Kräfte, die Beziehung Kräfte-Material an die Stelle der Beziehung Form-Materie zu setzen. Indem das Werk heterogene Kräfte, die ein noch nie dagewesenes Einfangen produzieren, in Kontakt bringt, verbindet es den Kunstschaffenden und Rezipienten in einem realen Werden, das zugleich von dem Wandel der Kulturen Rechenschaft gibt. Deshalb ermöglicht die Modulation, als „Operation des Realen",[44] so Deleuze, eine Kunstdefinition im Sinne eines Versuchs, „Kräfte sichtbar zu machen, die nicht sichtbar sind":[45] Die Philosophie der Kunst ist fest ver-

[43] Deleuze, *Das Zeit-Bild*, S. 44. [Übersetzung geändert, A.d.Ü.]
[44] Ebd., S. 44.
[45] Deleuze, *Francis Bacon*, S. 53.

bunden mit einer Theorie der Empfindung, wobei diese auf eine materielle Weise verstanden wird als eine auf den Körper wirkende Kraft, als Modulation gleichwohl, die heterogene Kräfte durch eine Art des Einfangens sichtbar macht. Die Modulation gestattet es, die Ununterscheidbarkeit der präsenten Kräfte und deren Heterogenität zu vereinen. Es handelt sich nicht mehr um eine figurative Ähnlichkeit, noch um eine strukturelle Identität, sondern um ein Werden, das zur selben Zeit das Werk und seinen Bezugsgegenstand, die Rezeption und die Öffentlichkeit, den Künstler und sein Milieu begründet. Alle Zeichentypen sind involviert bei der „Modulation des Gegenstands selbst",[46] bei der Differenzierung, wodurch eine *„Zeichen-Materie* [*matière signalétique*]"[47] – d.h. ein nicht linguistisches Material, das je nach Kunstart unterschiedlich auf die Sinnlichkeit einzuwirken fähig ist, – „in verschiedenster Weise moduliert werden [...] kann".[48]

Es wird nun verständlich, weshalb eine Philosophie der Künste eine Semiotik erfordert: eine Theorie der Zeichen, die nicht auf verbale Aussagen reduziert werden kann und die auf ihre pragmatischen und ästhetischen Effekte bedacht ist. Desgleichen ist „[d]as Kino [...] nicht als Sprache, sondern als Zeichenmaterie [*matière signalétique*] zu verstehen".[49] So gelangen wir von der Modulation und dem Einfangen der Kräfte

[46] Deleuze, *Das Zeit-Bild*, S. 44.

[47] Ebd., S. 46.

[48] Ebd.

[49] Deleuze, *Schizophrenie und Gesellschaft*, S. 272. [Übersetzung geändert, A.d.Ü.]

zum Bild. „Die Idee, über das Kino zu schreiben, kam mir deshalb, weil ich mich seit langem mit einem Zeichenproblem herumschlug. Die Linguistik schien mir untauglich zu sein, es zu behandeln. Ich stieß auf das Kino, weil es, aus Bewegungsbildern bestehend, allerlei fremdartige Zeichen wuchern läßt."[50]

Das Bild

Das Anliegen ist auch hier, der „Dualität von Bild und Bewegung",[51] von Bewusstsein und Ding zu entgehen, sowie die Kunst als eine reale Operation und nicht als mentale Figuration, als subjektive Repräsentation aufzufassen. Deleuze bezieht sich folglich auf Bergson und seine Definition des Bildes in *Materie und Gedächtnis*, um das Einfangen der Kräfte für das Kino als materielle Theorie des Effekts zu entwickeln. Das Bild ist ebenso wenig Bild-eines-Objekts als Bild-für-das-Bewusstsein. Es ist weder Bewusstseinsrepräsentation (ein psychologisches Datum), noch Stellvertreter eines Objekts (ein intendiertes Objekt). Es ist vielmehr im Bergson'schen Sinne als Erscheinung zu verstehen, als System von Aktionen und Reaktionen auf dem Niveau der Materie selbst. Das Bild hat somit nicht im Geringsten das Bedürfnis wahrgenommen zu werden, sondern existiert an sich als Erschütterung, Vibration, Bewegung. „Nennen wir Bild die Menge dessen, was

[50] Ebd., S. 206f.
[51] Deleuze, *Das Bewegungs-Bild*, S. 84.

erscheint. Man kann nicht einmal sagen, daß ein Bild auf ein anderes einwirkt oder auf ein anderes reagiert. Es gibt nichts Bewegliches, das sich von der ausgeführten Bewegung unterschiede, es gibt nichts Bewegtes, das getrennt von der übertragenen Bewegung bestünde. Alle Dinge, das heißt alle Bilder fallen mit ihren Aktionen und Reaktionen zusammen: das ist die universelle Veränderlichkeit."[52]

Das Bewegungsbild

Das Bild ist kein Medium, sondern ein Kräfteverhältnis von Aktionen und Reaktionen und deshalb notwendigerweise im Plural. Ein isoliertes Bild macht keinen Sinn, eben weil es ein Kräfteverhältnis ist: Es gibt stets eine Vielheit [*multiplicité*] von Bildern. So definiert besitzt das Bild zwei Charakteristiken. Zunächst ist es ein Seiendes, ein Ding und nicht eine Kopie oder Repräsentation im Sinne eines psychologischen oder psychischen Akts. Das Bild ist nicht im Gehirn. Es ist „nicht im Kopf, nicht im Gehirn. Im Gegenteil, das Gehirn ist ein Bild unter anderen."[53] Es handelt sich also um einen von Bergson übernommenen Bildrealismus, einen sinngetreuen Kommentar der ersten Seiten von *Materie und Gedächtnis*. Bewegung geht im Bild auf. Mit Bergson, so Deleuze, findet man sich „vor der Exposition einer Welt, in der BILD = BEWEGUNG

[52] Ebd., S. 86.
[53] Gilles Deleuze, *Unterhandlungen. 1972–1990*, Frankfurt a.M.: Suhrkamp 1993, S. 64.

ist".[54] Dieser Bildrealismus betrachtet das Bild als Bewegung und Materie: Es ist flackernde Vibration der Materie. Das so definierte Bild ist überhaupt nicht mehr auf die Ebene der Repräsentationen verwiesen, sondern nimmt eine physische Existenz an. Es definiert eine neue Stofflichkeit oder „Hyletik", eine Philosophie der Materie, und in diesem Zusammenhang erhält das Kino seine ganze Bedeutung. Indessen muss die Tatsache betont werden, dass das Bild in Deleuzes beiden Büchern nicht nur eine dem Kino eigentümliche Operation bezeichnet, sondern die Materie selbst als Bewegungsbild qualifiziert. Das Bild hat also eine physische Bedeutung, noch bevor es ästhetische Effekte produziert. Die Titel „Bewegungs-Bild" und „Zeit-Bild" bezeichnen eine reale Darbietung von Kräfteverhältnissen noch vor ihrem Zweck als Kategorien, um kinematographische Produktionen zu denken und zu klassifizieren. Das Kino ist folglich keine Bildkunst im gewöhnlichen Sinne (der Reproduktion von Klischees), sondern die Kunst, die auf das Bewegungsbild als Beschreibung der Materie antwortet.

„Gerade weil das Kino das Bild in Bewegung setzt oder vielmehr dem Bild eine Eigenbewegung verleiht",[55] ist es besonders interessant, aber es hat nicht das Vorrecht auf das Bild, welches sich keineswegs auf das Visuelle beschränkt. Es gibt genauso gut akustische oder taktile Bilder (*Opto-Zeichen*, *Sono-Zeichen*, *Taktil-Zeichen*). Somit greift das Bild die Definition der

[54] Deleuze, *Das Bewegungs-Bild*, S. 86.
[55] Deleuze, *Schizophrenie und Gesellschaft*, S. 270.

Kunst als Einfangen der Kräfte und Symptomatologie der Affekte auf und steigert sie. „Die Natur der Bilder verändert sich von einer Kunst zur anderen und ist nicht von Techniken zu trennen: Farben und Linien in der Malerei, Klänge in der Musik, sprachliche Beschreibungen in der Literatur, Bewegungsbilder im Kino usw."[56] Bewegung ist mithin ein Bild; ein Atom ist ein Bild, das bis zum Radius seiner Aktionen und Reaktionen reicht. Das Gehirn, subjektives Zentrum der Unbestimmtheit, ist ein Bild und deshalb enthält es keine Bilder im Sinne einer psychischen Repräsentation, welche sich von Natur aus von Bewegungen der Außenwelt unterscheidet. Es kann keine Bilder enthalten, weil es selbst ein Bild ist. „Im Gegenteil, das Gehirn ist ein Bild unter anderen. [...] Es gibt keinerlei Differenz zwischen den *Bildern*, den *Dingen* und der *Bewegung*."[57] Es gibt also strenggenommen nur Bewegungen, die sich in Bildern verbreiten. Deleuze definiert somit eine „Hyletik" der fließenden Materie. Als Resultat ergibt sich die folgende, von Deleuze zuweilen so formulierte Übereinstimmung: „Bild-Materie-Bewegung".[58]

Die die Materie affizierenden Bewegungen bilden eine Ebene in ebendem Sinne, den Deleuze der Vielheit von Werden verleiht: Es handelt sich um eine Immanenzebene, welche die Aktualisierung aller Bilder enthält oder vielmehr konstituiert ist durch die Aktualisierung dieser Bilder.

[56] Ebd., S. 199.
[57] Deleuze, *Unterhandlungen*, S. 64.
[58] Deleuze, *Das Bewegungs-Bild*, S. 92. [Übersetzung geändert, A.d.Ü.]

„Eine solche unbegrenzte Menge aller Bilder ist gewissermaßen die Ebene der Immanenz. Das Bild existiert an sich, auf dieser Ebene. Dieses An-sich des Bildes ist die Materie: nicht irgendetwas, was hinter dem Bild verborgen wäre, sondern im Gegenteil die absolute Identität von Bild und Bewegung. Es ist die Identität von Bild und Bewegung, die uns unmittelbar auf die Identität von Bewegungs-Bild und Materie schließen läßt."[59]

Das Bild meint also dasselbe wie Bewegungsbild, reales Bild, Materie. Dies ist eine neue Hyletik: Materie ist Energie; es gibt eine Gleichwertigkeit Materie-Licht – eine Korrelation, die wissenschaftlich erwiesen ist. Sie ist nicht zuletzt Möglichkeitsbedingung für die Erfindung des Kinos. Dieses leuchtende, strahlende, erhellende Vermögen der Materie-Bewegung erklärt die Gegebenheit an sich des Bildes, als Realität und Kräfteverhältnis. Das Bewegungsbild ist also kein statischer Körper, sondern ein vibrierender Block von Raumzeit, ein „Bild an sich".[60] Der Identität Bild-Bewegung korrespondiert die Identität Materie-Licht: Das Kino ist folglich das für unsere Zeit charakteristische Dispositiv, das auf *„die maschinische Anordnung der Bewegungsbilder"*[61] reagiert.

59 Ebd., S. 87. [Übersetzung geändert, A.d.Ü.]
60 Vgl. ebd., S. 89.
61 Ebd., S. 88. [Übersetzung geändert, A.d.Ü.]

Das kinematographische Bild

Bleibt zu erklären, inwiefern das kinematographische Bild sich von anderen Bildern unterscheidet. Dies ist das zweite Charakteristikum des Bildes. Wie bereits erörtert, ist das Bild eine Realität. Aber unter gewissen besonderen Bedingungen kann es sich falten, sich mit einer Innerlichkeit versehen. Diese neue Eigenschaft des Bildes ermöglicht auf der Ebene der Materie selbst den Beginn einer Subjektivierung, welche das Einfangen der Kräfte genau aufgreift. Diese Subjektivierung bedeutet nicht, dass das Bild auf ein Subjekt verweist, genauer gesagt, auf ein es empfindendes Subjekt bezogen ist. Stattdessen produziert das Bewegungsbild (Aktion und Reaktion) unter bestimmten Bedingungen, die zugleich Bedingungen des Lebens sind, einen Zwischenraum zwischen Aktion und Reaktion, einen kleinen Spalt, der das Bild mit einer Dichte ausstattet, d.h. einer Fähigkeit, welche die effektive Produktion des Affekts verdoppelt (subjektive Dimension). Die Bilder haben mithin ein Inneres, insofern sie ihr Inneres selbst produzieren (Deleuze beruft sich hier auf Simondons Theorie der Membran; der Begriff der Falte kündigt sich auch bereits an in der Zurückbiegung der Materie in ein Bild, in einen Affekt[62]).

„Aber die Bilder haben auch ein *Innen*, oder manche Bilder haben ein Innen und werden von innen empfunden. Das sind Subjekte [...] Es gibt nämlich einen

[62] Gilles Deleuze, *Die Falte. Leibniz und der Barock*, Frankfurt a.M.: Suhrkamp 2000.

Zwischenraum zwischen der Aktion, die auf diese Bilder einwirkt, und ihrer Reaktion. Dieser Zwischenraum gibt ihnen das Vermögen, andere Bilder zu speichern, das heißt wahrzunehmen. Aber was sie speichern, ist nur das, was sie in den anderen Bildern interessiert. Wahrnehmen heißt: vom Bild das abziehen, was uns nicht interessiert.“[63] Der Subjektivierungseffekt entsteht also, wenn der Zwischenraum zwischen Aktion und Reaktion (Bewegungsbilder) hinreichend ist, um die Wahrnehmung freizusetzen (eine Art Lichtentnahme von den anderen Bildern). Auch hier stammt die These von Bergson: Die Wahrnehmung resultiert aus der Konstitution eines Zentrums der *Unbestimmtheit* (oder der Subjektivierung), das die Kette von Aktionen und Reaktionen unterbricht. Das Subjekt-Bild entsteht in diesem Zwischenraum; es hat keine Existenz außerhalb dieses Zwischenraums, so dass die Subjektivität der Bilder nichts anderes ist als dieser Spalt, diese Ausdehnung, dieser Zwischenraum zwischen Aktion und Reaktion. Deleuze kommt stets auf das erste Kapitel von *Materie und Gedächtnis* zurück, welches die Subjektivität mit einer verblüffenden Sparsamkeit zu definieren gestattet, ohne ein gänzlich ausgebildetes, substantielles Subjekt vorauszusetzen. Vielmehr zeigt sich das Subjekt in seinem Entstehen, insofern es nichts weiter ist als ein Zwischenraum, eine Verzögerung, eine kleine ausge-

[63] Deleuze, *Unterhandlungen*, S. 64f.

dehnte Umhüllung, die Aktionen von Reaktionen trennt, ein „*Intervall*".[64]

Diese speziellen Bilder, die andere Bilder „kadrieren", sind von der Art des Einfangens der Kräfte. In diesem Universum der Bilder, in dem ein jedes auf jedes andere reagiert, ist das wahrgenommene Bild im gewöhnlichen Sinne ein Bild zweiten Grades, ein Intervall, ein durch die Operation der Kadrierung separiertes Bild, ein Wahrnehmungsbild: Es handelt sich um ein Lebensbild [*image vivante*], das sich zwischen Aktion und Reaktion einschiebt; nach Bergson ist es ein „Werkzeug der Analyse" „inbezug auf die aufgenommene Bewegung", auf eine erlittene Aktion, sowie ein „Werkzeug der Auswahl" „inbezug auf die ausgeführte Bewegung", auf eine motorische Reaktion.[65] In diesem Zwischenraum bilden sich subjektive Bilder, Einfangen von Kräften, aber auch, wie wir sehen werden, aktive Kadrierungen. Die kinematographischen Bilder sind derartige subjektive Bilder. Daher die kühne Definition der Subjektivität durch drei materielle Eigenschaften oder Operationen der Kadrierung und des Schnitts in Bezug auf die anderen Bilder: die Wahrnehmung als Subtraktion, die Kadrierung als Aktion und das intensive Reflektionsbild als Affekt. Dadurch sind die drei Versionen des Bewegungsbilds definiert. Die Subjektivität (das Lebensbild) nimmt die anderen Bilder wahr, kadriert sie

[64] Deleuze, *Das Bewegungs-Bild*, S. 91.

[65] Henri Bergson, *Materie und Gedächtnis. Eine Abhandlung über die Beziehung zwischen Körper und Geist*, Hamburg: Meiner 1991, S. 15. Siehe auch Deleuze, *Das Bewegungs-Bild*, S. 92.

durch Subtraktion, weil sie von der Interaktion und der Vielfalt der Bewegungsbilder das, was sie nicht interessiert, ignoriert und ausklammert.[66] Dies ist die Definition des Wahrnehmungsbilds, in der man Bergsons subtraktive und realistische Definition der Wahrnehmung wiederfindet. Tatsächlich ist die Wahrnehmung kein Bild von anderer Natur als die Bewegung, die sie wahrnimmt, sondern eine blinde „Diagonale", welche die anderen Bilder durchquert und dabei nur die Elemente, die unsere mögliche Aktion betreffen, zurückbehält.[67] Die Materie enthält die Gesamtheit der Bilder, und die Wahrnehmung, insofern sie als Kadrierung ein subjektives Bild, einen Körper ergreift, gewährt eine beschränkte Perspektive auf diese Bilder.

„Mit anderen Worten, das Auge ist in den Dingen, in den Licht-Bildern selbst. ‚*Die Fotografie, wenn es überhaupt eine Fotografie ist, ist für alle Punkte des Raums im Inneren der Dinge schon aufgenommen und entwickelt*'."[68]

Das Bewegungsbild steigert sich zum Wahrnehmungsbild, sobald sich die Verzögerung zwischen Aktion und Reaktion ausdehnt. Dergestalt kann die Subjektivität sehr wohl als ein Zentrum begriffen werden; sie ist ein Zentrum der Unbestimmtheit, insofern sie die Reaktion verzögert durch die Verdoppelung der erlittenen Aktion mit einer sinnlichen Oberfläche. Sie löst die Wahrnehmung in Bewegung auf, dergestalt dass sie von der Wahrnehmung zur Aktion übergeht. Dieser sensomotorische Übergang vollzieht sich hin-

[66] Ebd., S. 94.
[67] Ebd.
[68] Ebd., S. 89–90. Hier zitiert Deleuze Bergson, *Materie und Gedächtnis*, S. 23.

reichend langsam, so dass sich die motorische Antwort mit einem subjektiven Perzept (Wahrnehmungsbild) und Affekt (Affektbild), mit einem Innern versehen kann. Das Subjekt dehnt sich folglich zwischen subtraktiver Wahrnehmung einerseits und die Umgebung auf sich zentrierende Aktion andererseits aus. So „ist die Wahrnehmung nur die eine Seite des Abstands, dessen andere Aktion ist".[69] Hierbei handelt es sich um die zweite Operation der Subjektivität. Der dritte materielle Aspekt der Subjektivität gewährleistet den Übergang von dem Sinnlichen (Wahrnehmungsbild) zum Motorischen (Aktionsbild): Das Affektbild bildet den Umschlagsplatz, an dem das Bewegungsbild zum Zeitbild wird oder an dem der sensomotorische Bogen sich auf den Affekt öffnet und das Ereignis des Werdens aufzeigt. Derselbe Zwischenraum drückt sich in der Dauer der Aktion aus, in der Räumlichkeit der Wahrnehmung und der Intensität des Affekts. Anstatt unverzüglich die erlittene Aktion in eine motorische Reaktion umzusetzen, stellen diese Lebensbilder, „Wahrnehmungsbilder", Bilder des Subjekts, „einen schwarzen Schichtträger"[70] bereit, der es dem einwirkenden Bild (erlittene Aktion) gestattet, sich als Kräfteverhältnis zu konstituieren, dieses einzufangen und als Sinnliches zu kadrieren (Wahrnehmungsbild) sowie es zu fühlen (Affektbild), bevor es in eine Reaktion verlängert wird (Aktionsbild). Die kinematographischen Bilder sind von dieser Art: In der Kette von

[69] Deleuze, *Das Bewegungs-Bild*, S. 95.
[70] Ebd., S. 90.

Aktionen und Reaktionen kadrieren und stabilisieren sie eine Wahrnehmung, d.h. ein spezielles, maschinisches und vitales Bild. Es ist ausgezeichnet durch eine anorganische Vitalität und Subjektivität, nicht etwa weil es der Sicht eines Filmemachers zugeschrieben werden müsste oder weil es eine die Naturformen imitierende Projektion darstellte, sondern weil es auf der Leinwand ein kadriertes und sinnliches subjektives Bild, das der Betrachter seinerseits kadrieren kann, auf materielle Weise sichtbar werden lässt. Das kinematographische Bild unterbreitet mithin Kamerawahrnehmungen, Affekte des Lichts, der Farbe und des Tons, so dass für das Kino gilt: „Das Gehirn ist die Leinwand."[71] Dies ist der Fall, weil es andere Bilder kadriert, weil es wie ein Lebensbild funktioniert, weil es ein Eigenleben besitzt, eine anorganische Vitalität. Dies greift die vorhergehenden, der Malerei und dem organlosen Körper gewidmeten Analysen wieder auf. Die kinematographische Technik ist deshalb so interessant, weil die Problematik der Kadrierung und Montage, die das klassische Kino charakterisieren (welche Bewegungen, welche Zeitspanne fasst man in eine Kadrierung, und welche Ebenen zieht man in einer Montage zusammen?), ebenso wie die Auflösung des Bewegungsbilds in ein Zeitbild (modernes Kino), exakt das zweifache System des Bewegungsbilds erforschen: Bild an sich, das sich entweder auf alle anderen Bilder, auf die es unverzüglich reagiert, bezieht, oder spezielles Bild, das andere Bilder kadriert, von denen es nur eine unvoll-

[71] Deleuze, *Schizophrenie und Gesellschaft*, S. 270.

ständige Aktion zurückbehält (Wahrnehmung, Bild), auf die es nur mittelbar reagiert (motorische Reaktion).

Das Bewegungsbild dient also als Rahmen für eine freie und flexible Klassifikation des Kinos entsprechend der Typen der Montage und der Aktualisierungsmodi des Bewegungsbilds. Wie das Lebensbild dubliert das kinematographische Bild die erlittene Aktion mit einer sensitiven Membran: Anstatt sich sogleich in Aktion aufzulösen, entwickelt es zwischen seiner sensitiven Seite (Wahrnehmungsbild) und seiner motorischen Seite (Aktionsbild) eine Zone des Affekts, durch die es seine subjektive Rezeptivität ausprägt und ausstellt. Das kinematographische Bild verspürt sich selbst, es löst den Kreislauf von der Wahrnehmung zur Aktion auf und bezieht die Bewegung nicht auf Handlungen (Aktionsbild) oder auf Körper (Wahrnehmungsbild), sondern vielmehr auf eine Qualität als erlebter Zustand (Affektbild). „Anschließend können wir sagen, *daß sich die Bewegungs-Bilder in drei Arten von Bildern unterteilen, wenn man sie auf ein Indeterminationszentrum als spezifisches Bild bezieht*: Wahrnehmungsbild, Aktionsbild und Affektbild.“ „Jeder von uns ist als spezifisches Bild oder etwaiges Zentrum nichts anderes als eine Anordnung dieser drei Bilder, eine Fusion von Wahrnehmungsbild, Aktionsbild und Affektbild.“[72] Diese Analyse bestimmt die Klassifikation in *Das Bewegungs-Bild*: Wenn alle Filme die drei Versionen des Bewegungsbilds mischen, lassen sich die Stile und Werke durch die folgenden

[72] Deleuze, *Das Bewegungs-Bild*, S. 97.

Bezüge unterscheiden: (1) Bezug hauptsächlich auf das Wahrnehmungsbild, das die Totale als Einstellungsgröße und den Schwenk als Kamerabewegung zur Geltung bringt (die Western von Anthony Mann), (2) auf das Aktionsbild, das durch die halbnahe Einstellung und schnellen Montagen segmentiert ist (die *films noirs* des Regisseurs Howard Hawks), (3) auf die großen Einstellungen des Affektbilds (Dreyer, Ozu). Deleuzes Vorschlag ist somit eine sehr freie Semiotik, abhängig von zahlreichen Einteilungen, welche die Neuheit des Kinos als eine Qualität der Bilder selbst zu erfassen suchen und die Subjektivierungsmodi und Typen kinematographischer Zeichen nach der Art einer Naturgeschichte unterscheiden. „Es ist eine bewegliche Klassifikation", erläutert Deleuze, „die man verändern kann und die Wert nur durch das hat, was sie sehen läßt."[73] Sie dient jedoch auch dazu, die Philosophie tiefgreifend zu transformieren.

Einfangen von Kräften und Wahrnehmungsbilder

Das als Einfangen von Kräften definierte Bewegungsbild greift also Simondons Begriff der Modulation auf und kann deshalb von Deleuze als „die Modulation des Gegenstands selbst"[74] bestimmt werden. Dadurch wird das Konzept der Form ebenso wie der Bezug von Subjekt zu Objekt modifiziert.

[73] Deleuze, *Schizophrenie und Gesellschaft*, S. 207.
[74] Deleuze, *Das Zeit-Bild*, S. 44.

„Der neue Status des Gegenstands bezieht diesen nicht mehr auf eine räumliche Prägeform, d.h. auf ein Verhältnis Form-Materie, sondern auf eine zeitliche Modulation, die eine kontinuierliche Variation der Materie ebenso wie eine kontinuierliche Entwicklung der Form impliziert."[75] Indem man den Status des Objekts verändert, verändert man zugleich gravierend den des Subjekts. So wie das Objekt auf der Ebene der Kräfte als ein bewegliches Bild im Werden aufgefasst werden muss, so darf die Subjektivität nicht mehr als ausschließliche Eigenschaft der menschlichen Psyche gehalten werden. Überall dort, wo die Aktion nicht mehr unmittelbar in Reaktion aufgelöst wird, ereignet sich ein Einfangen von Kräften, ein Aufblähen subjektiver Bilder; überall kadriert und schneidet ein Bild andere Bilder. Alle Lebewesen, insbesondere solche, die ein Territorium kennzeichnen, machen das. Dies gestattet Deleuze die These, dass die Kunst nicht das Vorrecht der menschlichen Subjektivitäten ist, noch eine anthropomorphe Eigenschaft oder der Hochgenuss einer Kultur, die eine ideale Hinterwelt zur Verschönerung der alltäglichen Realität aufrichten kann, sondern vielmehr verstanden werden muss als die Wohnstätte der Lebewesen. Das Wahrnehmungsbild bedeutet nichts anderes als diese Ausdehnung des Bildes und der Bewegung, durch die Kadrierung eines speziellen Bildes. Auf diese Weise pulsiert die Subjektivität in der Materie, sobald sie sich faltet und krümmt und den Bezug zwischen Aktion und Reaktion verzö-

[75] Deleuze, *Die Falte*, S. 35f.

gert. Die Wahrnehmung hat jedoch nicht die äußerliche Konsistenz der Kunst, so dass die Wahrnehmungsbilder nicht der Kunst angeglichen werden können, denn es fehlt ihnen das Einfangen der Kräfte in einem äußerlichen Material. Deleuze stützt sich auf die Analysen in *Francis Bacon. Logik der Sensation*, um diese Physik der Wahrnehmung und Semiotik des Affekts zu entwerfen. Die Kunst bedeutet nicht nur einen Übergang von einem Bewegungsbild zu einem „speziellen" oder subjektiven Bewegungsbild; sie verlangt darüber hinaus die Konsistenz einer Konsolidierung von nicht erlebten, aber in ein äußerliches Material inkorporierten Affekten und Perzepten. So erklärt sich Deleuzes Verständnis der Kunst als „Wohnstätte" [*habitation*]. Die Kunst ist also ein Einfangen der Kräfte in einem Material auf eine reale und nicht bedeutungstragende Weise. Diese dem Material eigene Subjektivität ermöglicht es, die menschliche Wahrnehmung zu erschüttern und bis dahin nicht wahrnehmbare Kräfte einzufangen. Weil das Vitale laut Deleuze maschinell, anorganisch ist, benötigt die Kamera, Artefakt der menschlichen Kultur, keineswegs die natürliche menschliche Wahrnehmung als Modell, um ihren subjektiven Effekt auf der Leinwand darzustellen. Aufgrund der Mobilität ihrer Zentren der Unbestimmtheit und der Variabilität ihrer Kadrierungen ist es ihr im Gegenteil möglich, andere Kräfte einzufangen oder zu kadrieren sowie eine andere, zum Beispiel eine flüssige oder gasförmige Wahrnehmung zu erzielen. Das Kino ist also ausgestattet mit einer eigenen Subjektivität (Affekte und Perzepte der Kamera), welche die anorganische Vitalität der Körper und Materien einfängt. Das Dispositiv des Kinos ist von daher so attraktiv und einzigartig. Aber alle anderen Künste erfinden für ihren Teil akustische und visuelle Bilder. Die Subjektivität (Affekt und Perzept), die dem Bild zu eigen ist und in dem Material vibriert, ist das, womit Deleuze das Kunstverständnis bereichert. Das Interesse, das die Philosophie den Kreationen der Kunst entgegenbringt, ist offenkundig. „Es ist denkbar, dass ähnliche Probleme[...] bei anderen Gelegenheiten und unter anderen Bedingungen ganz unterschiedliche Wissenschaften erschüttern, ob nun die Malerei, die Musik oder die Philosophie, die Literatur oder das Kino."[76] Dieselben Erschütterungen in unterschiedlichen Bereichen erlauben eine „vergleichende Kritik". Sobald eine Disziplin „erkennt, daß sie für sich und mit ihren eigenen Mitteln ein Problem lösen muß, das sich in ähnlicher Form auch in einer anderen stellt",[77] tritt sie mit derselben in Beziehung. Solche Übergriffe gestatten es der Philosophie, ihre Begriffe in einer Wende zur Kunst zu modifizieren. Genau deshalb, weil es „kein Werk [gibt], das nicht in anderen Künsten seine Fortsetzung oder seinen Anfang hätte",[78] behauptet Deleuze: „Nicht aufgrund des Rechts auf Reflexion konnte ich über das Kino sprechen, sondern nur dann, wenn philosophische Probleme mich bewogen, im Kino nach Antworten zu suchen, auf die Gefahr hin, daß diese wieder Probleme aufwarfen."[79]

[76] Deleuze, *Schizophrenie und Gesellschaft*, S. 271.
[77] Ebd.
[78] Ebd.
[79] Ebd.

SIMONDON UND DIE KONSTRUKTION EINES TRANSZENDENTALEN EMPIRISMUS

Gilbert Simondons Philosophie der Individuation spielt eine entscheidende Rolle für die Konstruktion des Zeichenbegriffs, die Gilles Deleuze in *Differenz und Wiederholung* unternimmt und in seinem ganzen Werk verfolgt. Der Beitrag Simondons lässt sich systematisch zusammenfassen in sechs logischen und physikalischen Propositionen, die es Deleuze gestatten, seinen transzendentalen Empirismus zu entwerfen. Die drei ersten Propositionen betreffen die Begriffe der Modulation, der transduktiven Disparation und der Problematik, die allesamt reale Vorgänge beschreiben, jedoch von Simondon schon bald als begriffliche Operatoren zusammengestellt und für seine Metaphysik der Individuation geltend gemacht werden. Deleuze integriert sie solcherart in seine eigene Analyse und macht sie sich zu eigen, nicht ohne sie ein wenig zu modifizieren und mitunter sogar ohne Simondon zu erwähnen. Simondons Präsenz in *Differenz und Wiederholung* ist nachdrücklicher als es die tatsächlichen Verweise, die Deleuze ihm zuerkennt, vermuten lassen. Die drei letzten Propositionen (die Individuation des Kristalls, das Zeichen als intensive Differenz und die das Innere des Lebewesens konstituierende Membran) beschreiben ebenfalls reale Individuationen und dienen dazu, die intensive Physik, derer Deleuze für seine Philosophie der Differenz in den beiden letzten Kapiteln von *Differenz und Wiederholung* bedarf, zu präzisieren. Als solche bilden diese beiden Triaden von Begriffen das Gerüst für eine Epistemologie und eine Philosophie der Individuation, die die Logik und Physik der Differenz im Sinne von Deleuze bereichern.

Die Definition des Zeichens auf den ersten Seiten von *Differenz und Wiederholung* stammt gänzlich von Simondon: Das Objekt, das das Zeichen aussendet, weist „notwendig eine Ebenendifferenz auf[], wie zwei disparate Größen- oder Realitätsordnungen, zwischen denen das Zeichen aufblitzt".[1] Die Definition des Zeichens kann nicht ohne eine präzise Analyse von Simondons Text erhellt werden.

1. Modulation

Erste Proposition: Die Modulation der Kräfte und Materialien ersetzt den abstrakten Gegensatz von Form und Materie.

Der Begriff der Modulation ist der erste Begriff, den Deleuze von Simondon übernimmt und der die geläufigen Vorstellungen von Form und Materie verändert. Von Aristoteles bis Kant und Husserl hat sich die abendländische Metaphysik, so Simondon, von einer abstrakten und statischen Vorstellung des Seins gefangen nehmen lassen und sich als unfähig erwiesen, den geringsten Individuationsprozess zu erklären. Tatsächlich stellt sich das Verhältnis zwischen Form und Materie so dar, als ob die einzelne und transzendente

[1] Gilles Deleuze, *Differenz und Wiederholung*, München: Fink 2007, S. 41.

Form die Rolle eines Individuationsprinzips, welches sich von außen der amorphen Materie aufzwingt und seine Form eindrückt, spielen würde. Dieses hylomorphe Modell vermag nicht die Konstitution eines Individuums welcher Art auch immer zu erklären: Indem man auf abstrakte Weise das Individuationsprinzip von dem Individuum getrennt hat, ist man nicht mehr im Stande, den realen Individuationsprozess, seine Genese, zu erschließen.

Deleuze erfasst sofort das spekulative Potential dieser Simondon'schen Position. Er rezensiert schon sehr früh, im Jahr 1966, zwei Jahre nach ihrem Erscheinen, Simondons Doktorarbeit. Diese Rezension erlaubt es, Deleuzes Lektüre dieses Werks auf den Punkt zu bringen. Der Vergleich der Rezension zum Text von *Differenz und Wiederholung* gestattet es uns, die problematischen Verschlingungen, die Deleuze in seiner Analyse in Betracht zieht, und die Art und Weise, in der er sie in sein eigenes System mit leichten Veränderungen einbettet, präzise darzulegen. Schon ganz zu Anfang seiner Rezension weist Deleuze auf den Beitrag Simondons zur zeitgenössischen Philosophie hin: „Es ist Gilbert Simondons Stärke, eine überaus originelle Theorie der Individuation vorzulegen, die eine ganze Philosophie impliziert."[2]

Gewöhnlich bezieht man die Individuation auf ein bereits vollständig konstituiertes Individuum, wobei man das Individuum als seinem Individuationsprozess

[2] Gilles Deleuze, *Die einsame Insel. Texte und Gespräche von 1953 bis 1974*, Frankfurt a.M.: Suhrkamp 2003, S. 127.

nachfolgend begreift und sich das Individuationsprinzip als *vorgängig*, d.h. dem konstituierten Individuum im Grunde äußerlich und transzendent, vorstellt. So bemächtigt sich das Modell des Individuums jeder Ontologie: Alles *Sein* wird als *ein* Seiendes begriffen (wie Leibniz sagt).

In der Tat ist es jedoch so, dass, wenn das Individuationsprinzip konkret die Genese des Individuums erklären und sich nicht als ein einfacher Reflexionsbegriff geben soll, das Individuum mit seiner Individuation und die Individuation mit ihrem Prinzip zeitlich zusammenfallen müssen. Das hylomorphe Schema, wonach die Form (Individuationsprinzip) der Materie (geformtes Individuum) entgegengesetzt ist, muss folglich korrigiert werden. Demgemäß unterbreitet Simondon zwei gegensätzliche Modelle physischer Individuation: Dem traditionellen Modell der Formgebung [*moulage*] hält er seine eigene Version, die Modulation, entgegen. Die Formgebung kommt mit dem hylomorphen Schema überein, denn seit Aristoteles ist man der Ansicht, dass sich die abstrakte Form der passiven Materie mitteilt. Diesen in der Vorstellung von der Formgebung umgesetzten statischen Gegensatz zwischen Form und Materie löst Simondon durch das neue Modell der Modulation ab, welches die Individuation als ein Werden auf der Ebene der Kräfte und Materialien, als eine kontinuierliche und zeitliche Formung darstellt.

Dieses dynamische Modell, das Simondon als Modulation bezeichnet, unterscheidet nicht mehr auf abstrakte Weise zwischen Form und Materie, sondern stellt sich in der Mitte dessen auf, was das hylomorphe Schema auseinanderreißt: auf der Ebene der Kräfte und Materialien. Denn die Form ist stets materiell und die Materie formiert. Es geht folglich darum, sich auf der Ebene der Wechselwirkung der Individuation selbst zu platzieren. Diese bringt die Interaktion dreier unterschiedlicher Energien, die allesamt auf der Ebene der Kräfte agieren, ins Spiel: die starke Energie der amorphen Substanz in einem metastabilen Zustand (der von dem Handwerker bearbeitete und präparierte Ton); die von der Form eingebrachte schwache Energie, welche als modulierende, kontinuierliche Energie und als eine die Transformation des Tons leitende Information operiert; schließlich die dritte entscheidende, jedoch von Technikanalysen stets unterschätzte Energie, die „Kopplungsenergie", welche den Ton und die Form in Spannung bringt. Diese dritte Bedingung ist die wichtigste, insofern sie die Formwerdung [*prise de forme*] zwischen der vorindividuellen Substanz und ihrem modulierenden Rahmen realisiert – Formwerdung, die hier von außen durch die Tätigkeit des Ziegeleiarbeiters erzielt wird. Die Vernachlässigung dieser Kopplung rührt daher, dass man ein soziologisches Modell der Arbeitsteilung auf den technologischen Kontext angewandt hat. Die Explikation des hylomorphen Verhältnisses verwechselt das Herrschaftsverhältnis, in dem der Lehrmeister die Ausführung einer Aufgabe anordnet, mit der konkreten Tätigkeit des Handwerkers, der den dynamischen Individuationsvorgang durch die Zusammenführung von Ton und Ziegelform, von Form und Materie, in Gang setzt.

Deleuze weiß zunehmend das Potential der Simondon'schen Analyse der Modulation zu schätzen, denn sie erlaubt es, sich ein für alle Mal von den antiken oder zeitgenössischen Versionen des Hylomorphismus zu befreien, und unterbreitet eine materielle und intensive Analyse der in kontinuierlicher Variation befindlichen Form. Materie und Form dürfen nicht mehr einander auf abstrakte Weise entgegengesetzt werden, denn die Form ist ein Werden materieller Kräfte, eine immanente und fluktuierende Norm. Deleuze inkorporiert diese Einsicht endgültig in seine Philosophie des Zeichens und zitiert Simondon neben Spinoza, Nietzsche, Geoffroy Saint-Hilaire bei jeder Darlegung seiner Philosophie der Kräfte und Formen. Die erste Proposition, die Deleuze Simondon entleiht, ist also diese Transformation des hylomorphen Schemas, welche die Begriffe der Materie und der Form modifiziert: Die Formwerdung setzt Kräfte und Materialien ins Werk, und die Form ist eine fluktuierende und intensive Verbindung der Kräftekonstellationen.

Darüber hinaus bietet die Analyse der Modulation nicht nur eine für den Begriff der „kleinen Wissenschaft" [*science mineur*] in *Tausend Plateaus* entscheidende Neubewertung der Technik und der empirischen Wissenschaften; sie zeigt auch den Operationsmodus des Begriffs eher als pragmatisches, d.h. praktisches anstatt theoretisches Gefüge auf. Nach Simondons Beobachtung erweist sich das theoretische Denken als unfähig, einen scheinbar so elementaren Akt wie die Formgebung zu explizieren, nicht etwa aufgrund einer wissenschaftlichen Unmöglichkeit –

gewiss, die antiken Philosophen kannten nur den stabilen Gleichgewichtszustand und erfassten nicht die in der modernen Physik entdeckte Metastabilität –, sondern aufgrund eines soziologischen Vorurteils, einer Klassenblindheit.

Indem die Theoretiker implizit ein soziales Modell der Arbeit annehmen und auf die Technikanalyse anwenden, verwechseln sie die technische Operation mit einem Befehl, d.h. mit der abstrakten Anordnung des Herrn, die dem ausführenden Sklaven aufgezwungen wird. Das hylomorphe Schema leitet sich in erster Linie von der Arbeitsteilung her und bestätigt die antike abwertende Vorstellung der Arbeit, insofern sie auf eine Soziologie der Klassenunterschiede zurückführt. So wie die Form aufgefasst wird, ist sie abhängig von einem Befehl, von der Mitteilung einer Vorschrift, die eine soziale Hierarchie voraussetzt. Die im Sozialen und Politischen begründete hierarchische Trennung zwischen Denken und Materie erklärt also die Schwäche des hylomorphen Schemas. Die Identifikation des Individuationsprinzips mit der Form eher als mit der Materie und die Verwechslung der Form mit einem ausdrückbaren Befehl, anstatt sie als einen materiellen Vorgang der Modulation zu begreifen, rühren daher, dass der Ablauf aus der soziologischen Perspektive des Herrn betrachtet wird.

Jedoch vertieft Simondon diese durchschlagende Kritik im Sinne einer Gesellschaftskritik nicht und bleibt Marx gegenüber gleichgültig. Dies ist einer der Gründe, weshalb er inmitten der intellektuellen Landschaft Frankreichs der sechziger Jahre in der Versenkung verschwindet und weswegen Deleuze ihm seine Halbherzigkeit zum Vorwurf macht.[3]

Das hylomorphe Schema ist mithin von gesellschaftlicher und nicht technologischer Herkunft, denn die Untersuchung der realen technologischen Bedingungen zwingt uns, die Begriffe der Materie und der Form vollständig zu erneuern, indem sie den Prozess der Formwerdung als einen Einsatz von Kräften und Materialien aufzeigt. Die Analyse der Modulation erhält einen wachsenden Einfluss in Deleuzes Werk: Nachdem sie zur Konstruktion des transzendentalen Empirismus beigetragen hat, verknüpft sie sich mit der Problematik der intensiven Form und der Haecceïtas, welche Deleuze anhand von Spinoza und Geoffroy Saint-Hilaire ausarbeitet. Die Analyse der Modulation besteht also darin, die abstrakte Konfrontation von Materie und Form durch eine neue Analyse der Form – als intensive Variation der Kräfte und Materialien, als Information, die die Existenz eines metastabilen Systems mit einem Individuationspotential voraussetzt – zu substituieren. Deshalb hat die Modulation eine Analyse der Disparation zur Voraussetzung.

[3] Gilbert Simondon, *L'Individuation à la lumière des notions de forme et d'information*, Grenoble: Millon 2013, S. 57–58: „Man könnte sagen, dass in einer Zivilisation, welche die Menschen in zwei Gruppen aufteilt – in diejenigen, die Befehle geben, und diejenigen, die sie ausführen – das Prinzip der Individuation, gemäß dem Beispiel der Technik, notwendigerweise entweder der Form oder der Materie, aber niemals beiden zugleich, zugesprochen wird." Alle nachfolgenden Übersetzungen aus diesem Werk sind meine, falls nicht anders angegeben, A.d.Ü.

2. Transduktive Disparation

Zweite Proposition: Eine jedwede Individuation erfordert die Existenz eines metastabilen Zustands, eines Zustands der Disparation.

Um die Individuation eines Ziegelsteins zu erklären, muss man aufzeigen, inwiefern die Wände der Form und der Ton in Resonanz treten („einander modulieren") und wie die Modulation des Tons und der Form die Individuation eines Ziegelsteins hervorbringen.

Für eine angemessene Beschreibung dieser Individuation gilt es zu erläutern, wie sie in ihrem vorindividuellen Milieu Gestalt annimmt: Diesem Zweck dient der Begriff der Disparation: „[W]as ein metastabiles System im wesentlichen definiert, ist die Existenz einer ‚Disparation', zumindest zweier Größenordnungen, zweier disparater Realitätsmaßstäbe, zwischen denen keine interaktive Kommunikation besteht."[4] Diese zweite Proposition ist für Deleuze von starkem Interesse, denn sie bestätigt ihn in seiner Annahme, dass jede Individuation als Bedingung eine fundamentale Differenz, genannt „transzendentale Differenz", erfordert – wobei dieser Differenz seit *Differenz und Wiederholung* die Großschreibung vorbehalten ist, um anzuzeigen, dass es sich um eine konstitutive Differenz, eine Entstehungsbedingung des Neuen, und nicht um eine vergleichende Differenz zwischen zwei unterschiedlichen Zuständen handelt.

[4] Deleuze, *Die einsame Insel*, S. 128.

Der Begriff der Disparation, den Simondon der Psychophysiologie der Wahrnehmung entlehnt, bezeichnet die Tiefenerzeugung in dem binokularen Sehen und charakterisiert die Unvereinbarkeit der Netzhautbilder, ihre irreduzible Disparität, welche die dreidimensionale Raumwahrnehmung als kreative Lösung produziert. Auf jeder Netzhaut bildet sich ein zweidimensionales Bild ab; diese beiden Bilder fallen jedoch aufgrund der Parallaxendifferenz nicht zusammen – wie jeder an sich beobachten kann, sobald er ein Auge und sodann das andere schließt.[5] Folglich gibt es kein zweidimensionales Bild, das die von Simondon sogenannte Axiomatik der Zweidimensionalität, d.h. die wechselseitige Unvereinbarkeit der beiden Bilder, auflösen könnte. In Simondons Worten bezeichnet die Axiomatik die objektive Strukturierung des problematischen Feldes, hier des Gesichtsfeldes, das eine „Problematik", d.h. eine objektiv metastabile Situation, die nach einer Lösung des Problems verlangt, darstellt. Diese problematische Unvereinbarkeit bezeichnet Simondon als Disparation [*disparation*].

Um die objektive Metastabilität der beiden Netzhautbilder aufzulösen, integriert das menschliche Gehirn diese als Kohärenzbedingung einer neuen Axiomatik: der Dreidimensionalität. Die Rauminhalts- und Tiefenwahrnehmung entstehen so als Lösung eines Problems, als Schaffung einer neuen unvorhersehbaren, dritten Dimension, die in den beiden Netz-

[5] Simondon, *L'Individuation*, S. 204, FN 15. Deleuze, *Differenz und Wiederholung*, S. 77.

hautbildern nicht enthalten ist. Von solcher Art ist der Disparationsprozess, den Simondon von der Wahrnehmung auf die Ebene einer allgemeinen Logik des Werdens ausweitet.

Die Disparation, die es erlaubt, die Montage eines Wahrnehmungsvorgangs nachzuvollziehen, dient als Modell für die Erschaffung des Neuen. In dieser Funktion wird sie von Deleuze aufgegriffen; zugleich bietet sie sich als logische Alternative zur Vermeidung des hegelianischen Konzepts der Synthese und der dialektischen Wirkweise des Widerspruchs an, wie wir noch sehen werden. Die Disparation produziert die dritte Dimension als Lösung der Inkongruenz der Netzhautbilder, aber diese neue Dimension bringt den Konflikt zwischen den beiden Netzhäuten nicht zum Verschwinden: Dieser wird vielmehr in ein neues System, die Raumtiefe, integriert. Die Beibehaltung der retinalen Disparität macht den Sprung in diese neue Dimension verständlich: Weder bringt sie eine Synthese mit sich, noch hebt sie einen Gegensatz auf; stattdessen produziert sie eine Integration, indem sie das Problem auf ein völlig anderes Niveau hebt, auf dem die Disparität der beiden Netzhautbilder einen neuen Sinn annimmt. „Diese perzeptive Entdeckung ist keine reduzierende Abstraktion, sondern eine Integration, ein amplifizierender Vorgang.“[6] Simondon erklärt, dass die Tiefenwahrnehmung den Konflikt nicht reduziert, die Parallaxendifferenz nicht eliminiert, sondern sie im Gegenteil beibehält. Sie besteht keineswegs aus

[6] Simondon, *L'Individuation*, S. 207.

einer dialektischen Synthese von Gegensätzen, welche deren Disparität in einer höheren Einheit aufheben würde. Sie bringt einen ganz anderen Vorgang ins Spiel: eine erfinderische Konstruktion, die dem einzelnen Netzhautbild eine neue Dimension hinzufügt. Die Lösung besteht nicht in der Auflösung des anfänglichen Widerspruchs, sondern in der Erschaffung einer neuen Dimension, die mit dem ursprünglichen Problem nicht auf einer Linie liegt. Darin erweist sich also die Disparation sowohl als problematisch als auch als kreativ.

Die Disparation wird zur bestimmenden Kategorie der Individuation. Sie bedingt den Prozess jeder realen Genese, antwortet auf das Problem der Aktualisierung des Virtuellen und zeugt von dem, was Simondon den metastabilen Charakter des Seins nennt.

Simondon präsentiert seine Lehre als ein „Postulat ontologischer Natur", das sich „auf eine Methode und einen neuen Begriff"[7] stützt: Das Sein ist Tat, und nicht Eines; und die Relation, die Modalität des Seins im Werden, ersetzt gleichsam die Substanz, das Modell des bereits konstituierten Seins. Simondon bezeichnet diese Methode und diesen neuen Begriff als „Transduktion" und meint damit einen Differenzierungsvorgang, der alle Ebenen des Realen – des Physikalischen, des Biologischen, des Mentalen oder des Sozialen – strukturiert. Unter Transduktion versteht Simondon eine Dephasierung bzw. eine strukturierende Diffe-

[7] Gilbert Simondon, „Das Individuum und seine Genese. Einleitung", in: Claudia Blümle u. Armin Schäfer (Hg.), *Struktur, Figur, Kontur. Abstraktion in Kunst und Lebenswissenschaften*, Zürich/Berlin: diaphanes 2007, S. 40.

renzierung, durch die sich eine Individuation vollzieht – derart, dass jeder bereits strukturierte Bereich als Konstitutionsprinzip für den folgenden Bereich dient. Simondon formuliert dieses Ergebnis, dem Deleuze sich anschließt, auf sehr schöne Weise: „Die Extremzustände, die durch den Transduktionsvorgang erreicht werden, gehen diesem Vorgang nicht voraus. Dessen Dynamik rührt von der anfänglichen Spannung im System des heterogenen Seins her, das sich dephasiert und Dimensionen entwickelt, denen gemäß es sich strukturiert. Sie rührt nicht von einer Spannung zwischen den Zuständen her, die erreicht und an den äußersten Grenzen der Transduktion verbleiben werden."[8] Anders gesagt, die (individuierten) Zustände, welche die konstituierende Relation durch ihre Operation hervorbringt, existieren nicht vorgängig zur Disparation. Sobald sie geschaffen sind, bringen sie das ganze System wieder ins Rollen und lösen eine neue transduktive Individuation aus.

Für Simondon ist also die Transduktion vorgängig und muss als eine Seinsweise und nicht als eine Beziehung zwischen zwei Zuständen aufgefasst werden. Dann, wenn die Substanz nicht mehr das Modell des Seins abgibt, wird es möglich, die Relation „als Nichtidentität des Seins mit sich selbst"[9] zu konzipieren. Sie erlaubt folglich, die Relation als ihren Zuständen äußerlich und vorgängig zu denken – ein Resultat, zu dem Deleuze seinerseits auf dem empiristischen Weg gelangt.

[8] Ebd., S. 41.
[9] Ebd.

3. Problematik und Dialektik

Die Individuation eines Ziegelsteins stellt sich also zwischen zwei Größenordnungen im Zustand der Disparation her: Die Individuation etabliert eine Kommunikation zwischen diesen Größenordnungen, diesen disparaten Wirklichkeiten (den Wänden der Form, dem Ton), indem sie die potentielle Energie des Systems aktualisiert, die Singularitäten integriert oder auch die durch die Disparität gestellte Problematik auflöst. Deleuze begrüßt das Konzept der Problematik in seiner Rezension nachdrücklich und (in Anlehnung an Albert Lautman) substantiviert diesen Begriff: Das Problematische [*le problématique*] wird von Simondon auf das Niveau einer Kategorie gehoben und mit einem objektiven Sinn versehen.

Wie man anhand der „9. Serie der Paradoxa: Vom Problematischen" in *Logik des Sinns* oder auch Kapitel IV in *Differenz und Wiederholung* sehen kann, integriert Deleuze diese Analyse ein für alle Mal in sein eigenes System. Auf diesen Seiten schreibt Deleuze den Begriff jedoch vielmehr Immanuel Kant zu, denn der Autor der *Kritik der reinen Vernunft* markiert einen wichtigen Schritt in der Konzeptualisierung dieses Begriffs: „Kant ruft unablässig in Erinnerung, daß die Ideen wesentlich ‚problematisch' seien. Umgekehrt sind die Probleme die Ideen selbst."[10] Gleichwohl ist der Begriff eine Simondon'sche Errungenschaft, was der frühere Text der Rezension unzweideutig zeigt: „Die Kategorie

[10] Deleuze, *Differenz und Wiederholung*, S. 217.

des ‚Problematischen' erhält in Simondons Denken insofern großes Gewicht, als sie eine objektive Bedeutung hat: denn sie bezeichnet nicht mehr einen vorläufigen Zustand unserer Erkenntnis, einen unbestimmten subjektiven Begriff, sondern ein Moment des Seins, das erste präindividuelle Moment."[11] Allein die Simondon'sche Definition des Problematischen als objektive Struktur, die eine kreative Auflösung der disparaten Zustände impliziert, erlaubt es übrigens, den Kantischen Vorstoß richtig einzuschätzen und die dialektische Idee als Problem im Sinne von Deleuze zu verstehen: weder als ein falsches Problem noch als ein Problem, das durch seine Lösung beseitigt werden könnte, sondern als „unerläßliche Bedingung [...], ohne die keine Auflösung jemals existieren würde".[12]

Es geht hier in keiner Weise darum, das Problem aufzulösen oder zum Verschwinden zu bringen. Mit Rückgriff auf Simondon, der dem Problematischen die Würde einer objektiven, auf die Einschränkung unseres Erkenntnisvermögens irreduziblen Erkenntnisstruktur verleiht, vollzieht Deleuze den Übergang von der Kantischen Unmöglichkeit der Erkenntnis als Zeichen der konstitutiven Endlichkeit unserer Vernunft zur Ohnmacht des Denkens. Diese Ohnmacht ist Garant der empirischen Aktualisierung des Denkens, seiner Passivität und seiner Kreativität, die durch eine Begegnung [*rencontre*] geweckt wird. Diese Ohnmacht ist nicht bloß Anzeichen der Endlichkeit oder der

[11] Deleuze, *Die einsame Insel*, S. 129.
[12] Deleuze, *Differenz und Wiederholung*, S. 218.

Begegnung, sondern bringt ebenfalls eine strukturelle Generativität mit sich, wie man hier feststellt: Die Ohnmacht garantiert, auf positive Weise, die Schöpfung in ihrer genetischen Dimension.

Demnach bietet sich das Konzept des Problematischen als eine fruchtbare Methode an, um der hegelianischen Dialektik und dem, was Deleuze daran als unzulässig beurteilt, zu entkommen: der treibenden Rolle des Negativen, dem Primat des Widerspruchs, der Auflösung der Differenz in einer Dialektik, welche sie neutralisiert und in die Identität des Begriffs resorbiert. Er schreibt, dass „die Idee der Disparation tiefer ist als die des Gegensatzes",[13] und weist auf ihre strategische Rolle hin: Bei Simondon „ersetzt das Problematische das Negative".[14] Die physikalische und physiologische Disparation verdrängt, Simondon zufolge, das bloß logische Modell der begrifflichen Opposition, während die Problematik *in re* die Negativität ersetzt. Wie wir gesehen haben, wendet auch Simondon große Sorgfalt an, um die Disparation von einem dialektischen Prozess zu unterscheiden: Sie kann nicht einer Widerspruchsbeziehung gleichgestellt werden; sie läuft auch nicht auf eine dreigliedrige Auflösung hinaus – aus mindestens zwei Gründen.

Zunächst ist die Rolle der Synthese eine andere: Sie kann den Widerspruch nicht abschaffen, indem sie ihn überwindet. Nun aber umfasst die dialektische Bewegung, die den Widerspruch zu überwinden vorgibt, in

[13] Deleuze, *Die einsame Insel*, S. 129.
[14] Ebd.

logischer Hinsicht ihre vorgängigen Momente, die sie hierarchisch und ontologisch unterordnet. Indem die Synthese als Auflösung des Widerspruchs produziert wird, bildet sie notwendigerweise eine Einheit mit ihren Momenten und ist ihnen zugleich überlegen. Nichts dergleichen ist der Fall bei der Disparation, die eine strikte Äquivalenz zwischen der Lösung und dem Konflikt behauptet und die vor allem den Konflikt zwischen den disparaten Serien, die sie vorübergehend in Beziehung bringt, nicht überwindet. In einer rigorosen Transduktion gibt es keine Synthese: „Die Synthese erfolgt nicht; sie ist niemals vollendet", weil die Relation „im Gegenteil die charakteristische Asymmetrie der Zustände bewahrt."[15] Anders gesagt, es erfolgt keine Produktion einer höherrangigen Synthese, weil die anfängliche Asymmetrie nicht beseitigt wird. Es geht keinesfalls darum, den Gegensatz aufzulösen. Dort, wo Hegel einen inneren Widerspruch und eine Differenz im Begriff denkt, schlägt Simondon eine reale Disparität vor, eine Heterogenität zwischen Zuständen. Die problematische Relation bringt diese heterogenen Zustände in Spannung zueinander und erreicht dies nur unter Beibehaltung ihrer Heterogenität.

Zweitens besteht Simondon auf der Differenz, dort, wo Hegel eine Identität annimmt. Die Dialektik produziert die Identität der Gegensätze in einer vereinigenden Synthese; die transduktive Disparation bestimmt die Heterogenität als konstituierende Bedingung der Erfindung einer neuen Lösung. Durch diese

[15] Simondon, *L'Individuation*, S. 111.

Differenz, die es keineswegs aufzuheben gilt, wird die Disparation möglich gemacht. Die Asymmetrie, die problematische Differenz produziert die Individuation nicht als eine Synthese, sondern als Antwort auf eine metastabile Situation. Der Synthetisierungsvorgang erfolgt nicht durch eine Reduktion des Gegensatzes. Die Asymmetrie wird vielmehr beibehalten und bringt infolgedessen eine kreative Lösung hervor: die Erfindung einer neuen Dimension, welche die Asymmetrie nicht beseitigt, sondern ihr einen neuen Sinn verleiht. Auf diese Weise integriert die räumliche Sichtweise die zweidimensionale Problematik in eine völlig neue Konfiguration.

Auf einer Seite des Schlusskapitels von *Differenz und Wiederholung* greift Deleuze die Momente dieser Analyse sämtlich wieder auf: Simondon zeigt, dass die Individuation zunächst einen metastabilen Zustand voraussetzt, d.h. die Existenz einer Disparation zwischen zwei heterogenen Größenordnungen und die unterschiedliche Verteilung von Potentialen. Dieser vorindividuelle Zustand beherbergt Singularitäten, nicht-reguläre Punkte, die durch die Existenz und Verteilung von Potentialen definiert sind. „So erscheint ein objektives ‚problematisches' Feld, das durch die Entfernung zwischen heterogenen Ordnungen bestimmt wird. Die Individuation tritt als Lösungsakt eines derartigen Problems zutage, oder – was aufs Gleiche hinausläuft – als die Aktualisierung des Potentials und die Herstellung einer Kommunikation zwischen den Disparata."[16]

[16] Deleuze, *Differenz und Wiederholung*, S. 311.

4. Der Kristall und die innere Resonanz

Um genau angeben zu können, wie sich Intensität produziert und wie die Konstruktion des transzendentalen Empirismus erfolgt, gilt es, dieser logischen Analyse eine physische Beschreibung hinzuzufügen und im Einzelnen die Individuation *in re*, die materielle Individuation des Kristalls und die vitale Individuation der Membran darzulegen. Wir gelangen folglich zur vierten Proposition: Die Individuation im Sinne eines Kristalls, die Formierung eines Individuums in seinem vorindividuellen Milieu, zeugt von der Rolle des Signals, des Zeichens und des Ingangsetzens der Individuation durch eine auslösende Singularität, die das System in Schwingung versetzt.

Die Kristallisation, Simondons Beispiel *par excellence*, ist ein entscheidendes Konzept für Deleuze, das er immer wieder aufgreift, von der Definition des Ereignisses als Kristall bis zum Zeitkristall in *Das Zeitbild*. Der Kristall liefert das einfachste Bild einer Disparation: Ausgehend von einem sehr kleinen Keim wächst er in seinem vorindividuellen Milieu in alle Richtungen, wobei jede bereits gebildete Schicht als strukturierende Ausgangsbasis für die nachfolgende molekulare Schicht dient, die sich durch eine ausbreitende Vernetzung konstituiert. Die Disparation vollzieht sich zwischen der Mutterlösung, dem vorindividuellen Milieu im metastabilen Zustand, und der Einführung eines Keims, die den Kristall unvermittelt ansetzt und seine Individuation in Gang bringt. Diese allmähliche Individuation hat folgende Voraussetzungen: ein vorindividuelles Milieu der Individuation, d.h. die Mutterlösung – eine übersättigte Lösung im metastabilen Zustand und reich an Potential –, die von dem zweiten „Akteur" der Kristallisation, dem Keim, unvermittelt „eingenommen" wird. Die Individuation erfolgt mittels dieses ersten heterogenen Paares: dem vorindividuellen Milieu, der ausfällenden Singularität, deren Kopplung sich in einem „problematischen", metastabilen Feld vollzieht. Der kristalline Keim entspricht dem plötzlichen Auftauchen der Singularität, die das metastabile Milieu in den Zustand der Disparation bringt (die Aktualisierung der problematischen Spannung). Alsdann entsteht das Kristall-Individuum gleichsam als ein Ergebnis, eine Individuation, die auf kreative Weise die Spannung zwischen den disparaten Wirklichkeiten Mutterlösung und Keim auflöst. Die Individuation bringt das Werden eines durch die Disparation hervorgegangenen Prozesses ins Spiel und lässt somit die ins Werk gesetzte Transduktion in ihrer Singularität in Erscheinung treten.

Zur Bildung des Kristalls erfordert die kristalline Individuation die Begegnung zwischen einem metastabilen Milieu und einer auftauchenden Singularität. Deleuze bedient sich dieser aleatorischen Begegnung – Würfelwurf oder Zufall, der seine eigene Notwendigkeit ins Werk setzt –, die Simondon als problematische Disparation bezeichnet, und analysiert diese Mischung aus aleatorischen und abhängigen Momenten, aus der seine eigene Konzeption der Notwendigkeit besteht. Damit sich diese Begegnung vollzieht, muss die Singularität als Information für das System wirken, durch einen Zufall, der seine eigene Notwendigkeit einleitet. Dazu sind drei Bedingungen vonnöten.

Die erste aleatorische und zugleich zwingende Bedingung ist das Auftauchen einer Singularität. Ein beliebiger Keim – eine Verunreinigung, ein kristalliner Keim, der absichtlich im Fall künstlicher Kristallisationen eingeführt wird – muss plötzlich hinzu treten, um die Rolle einer auslösenden Singularität, Trägerin von Information, zu spielen. Damit aber die Disparation vor sich geht, so die zweite Bedingung, muss die Singularität in einem vorindividuellen Milieu auftauchen, dessen Metastabilität mit der eingeführten Singularität, hier: dem Keim, disparativ in Resonanz tritt. Nicht jedes Milieu eignet sich dazu. Deleuze zieht häufig zur Erläuterung das Beispiel des stereoskopischen Sehens heran: Die problematische Konfiguration vollzieht sich innerhalb einer gewissen Schwelle, oberhalb derer sie nicht wirken kann. Die auslösende Singularität muss als Information im System agieren. Es bedarf also, so die dritte Bedingung, einer Kompatibilität zwischen dem Milieu und dem Keim, einer Kompatibilität, die jedoch nicht der Ordnung der Identität, sondern vielmehr der Differenz angehört. Alles ist bereits da: Es ist die problematische Differenz, die als dasjenige auftritt, was das vorindividuelle Milieu und die auslösende Singularität verbindet. Das Milieu, ebenso wenig wie das entstehende Individuum übrigens, existiert nicht vorgängig zu dieser problematischen Spannung. Das Kristall-Individuum entsteht folglich als Lösung eines Spannungspotentials, aber es entsteht als eine Differenz und nicht als eine harmonisierende Synthese.

Diese Konfliktkonfiguration bestimmt das problematische Zusammentreffen zwischen dem vorindividuellen Milieu und der Singularität. Genau sie definiert Simondon als Disparation. Zu ihrer Entstehung ist eine zusätzliche Bedingung erforderlich, die Simondon als interne Resonanz zwischen Milieu und Singularität bezeichnet, jene objektive Problematik, die das Auftreten der Singularität als Information innerhalb des Systems erlaubt. Die übersättigte Lösung, das vorindividuelle Milieu im metastabilen Zustand, kann nur unter folgender Bedingung „ansetzen" und die Kristallisation in Gang bringen: Die Einführung des Keims muss mit der übersättigten Lösung in Resonanz treten, um die Disparation zu produzieren, auf die die Individuation als Lösung des Problems antwortet.

Das Individuum muss demgemäß als ein Vorgang, ein Prozess gedacht werden. Es handelt sich um den Prozess der Disparation des vorindividuellen Milieus und des Auftretens der Individuation, wodurch die Disparation des Systems allmählich aufgelöst wird. Der kristalline Keim reagiert auf die disparate Problematik der metastabilen Lösung und führt zur Kristallisation durch Iteration der Kristallstruktur. Indem sie von ihrem Zentrum ausstrahlt, wächst die kristalline Struktur zunehmend. Auf diese Weise formt sich ein Kristall-Individuum, eine physikalisch-chemische Struktur, deren Wachstum sich beobachten lässt.

Die Transduktion impliziert folglich Kreation und Differenzierung. Die aufgrund der heterogenen Disparation erfolgende Strukturierung mündet in eine komplett neue Konfiguration des Feldes, die als Ausgangspunkt für eine neue differenzierende Strukturierung dient. Was die Disparation angeht, so qualifiziert sie den Typ der transduktiven Strukturierung, die durch die problematische Korrelation der beiden disparaten Wirklichkeiten – hier des Keims und der übersättigten Lösung, des vorindividuellen Milieus und der Singularität, die Trägerin der Transformation ist – verfährt. Sie besteht also aus einer problematischen Spannung, die durch das Auftreten einer neuen Dimension, der Formierung eines kristallinen Individuums, gelöst wird. Die Individuation präsentiert sich somit zugleich als „Lösung eines Konflikts, Entdeckung einer Inkompatibilität, *Erfindung* einer Form".[17]

Die Form ist folglich keine einfache Struktur, sondern eine tatsächliche Formierung, die die Konstitution eines assoziierten Milieus in Bezug auf die fortschreitende Individuation impliziert. Das Konzept des Individuums ändert sich vollständig: Weder einheitlich noch identisch, sondern vielmehr relativ und in Phasen unterteilt, bringt es stets einen Individuationsprozess und ein assoziiertes Milieu mit sich. Das Individuum ist also niemals nur zu einer *einzigen* Wirklichkeitsordnung relativ. Es ist stets transduktiv: Es beinhaltet die Disparation zwischen zwei verschiedenen Dimensionen und entsteht als Lösung einer Problematik, einer Spannung zwischen disparaten Wirklichkeiten. Es tritt als eine Antwort auf und erweist

[17] Simondon, *L'Individuation*, S. 231.

sich sowohl als genetisch als auch als dynamisch. Tatsächlich existiert kein einheitliches Individuum, sondern es existieren bloß mannigfache Individuationsprozesse. Ferner impliziert das Individuum keine Einheit, keine Identität, denn es erfordert die Heterogenität der ungleichartigen Phasen, aus denen es durch Differenzierung hervorgeht. Daraus folgt notwendigerweise eine unerschütterliche Solidarität zwischen dem Individuum und seinem Konstitutionsmilieu, der Deleuze in seinem ganzen Werk größte Wichtigkeit beimisst.

5. Das aufblitzende Zeichen und die asymmetrische Genese des Sinnlichen

Die Individuation resultiert folglich nicht nur aus dem Zusammentreffen eines vorindividuellen Milieus mit einem auslösenden Ereignis, sondern hängt zudem von der Möglichkeit ab, dass die Singularität als eine Information, als Auftakt einer Individuation wirkt. Damit die Kristallisation ansetzt, bedarf es der Einrichtung einer Kommunikation zwischen diesen Wirklichkeiten verschiedener Ordnung, dem Keim und dem Milieu, so dass der Keim als auslösende Singularität auftreten kann.[18] Die interne Resonanz bezeichnet bei Simondon diese Korrelation zwischen disparaten Wirklichkeiten, die zustande kommt, sobald sie sich in einem problematischen Modus aktualisieren. Nicht

[18] Simondon, „Das Individuum und seine Genese", S. 39.

alle Differenzen treten miteinander in Resonanz. Die Resonanz ist also immer intern, denn sie entsteht, sobald sich eine Disparation in einem problematischen System aktualisiert, beispielsweise wenn ein singulärer Punkt „ansetzt" und seine Kristallisation beginnt. Diese sich bildende Disparation oder problematische Kopplung zwischen verschiedenen miteinander kommunizierenden Wirklichkeiten bezeichnet Deleuze in *Differenz und Wiederholung* als das *Disparse*, als dunkler Vorbote. Er verknüpft dies auf eine erfinderische Weise mit einer strukturellen Lesart der Korrelation zwischen der bezeichnenden und der bezeichneten Serie und vollzieht so eine virtuose Verbindung zwischen einer Simondon'schen Energetik und einer strukturalen Logik nach Ferdinand Saussure, Claude Lévi-Strauss oder Jacques Lacan.

Die interne Resonanz definiert sich also dadurch, dass sie das System in Spannung setzt und somit die Individuation ermöglicht. Es handelt sich um eine „Information" in dem bestimmten Sinn, den Simondon diesem Begriff verleiht: nicht als eine bestimmte, quantifizierbare und stabile Größe, sondern als eine Beziehung, sogar als ein Moment der Individuation. „Information tritt nur dann auf, wenn der Sender von Signalen und deren Empfänger ein System bilden. Die Information steht *zwischen* diesen beiden Hälften eines Systems in Verbindung zur Disparation."[19] Sie ist also niemals gegeben, und auch nicht vorgängig. Simondon bringt dies besonders gut auf den Punkt,

[19] Simondon, *L'Individuation*, S. 221, FN 30.

indem er durch den Gebrauch des grammatikalischen Futurs den kreativen Aspekt des Entstehens markiert: *„die Bedeutung, die entstehen wird, wenn ein Individuationsvorgang die Dimension entdecken wird, in der zwei disparate Wirklichkeiten sich zum System schließen können.*"[20] Dies ist auf paradigmatische Weise der Fall bei dem binokularen Sehen, wenn sich die Disparation zwischen den beiden Netzhautbildern bildet – unter der Bedingung der Beibehaltung der Spannung zwischen denselben, der notwendigen Diskrepanz, die erlaubt, den Entstehungsprozess hervorzuheben und als Bedeutung [*signification*] der Dualität der beiden Bilder einzusetzen.

In diesem Sinne ist die Information „Signal". Unter diesem Begriff bezieht Deleuze sie in *Differenz und Wiederholung* ein, wie wir uns mühelos überzeugen werden, indem wir uns nun den Definitionen des Zeichens und des Signals, die er in diesem Werk vorschlägt und die auf eindrückliche Weise die Simondon'schen Analysen aufnehmen, zuwenden. Deleuze weist darauf hin, dass die logische Kausalitätsbeziehung als ein physischer Prozess der Signalisierung aufgefasst werden muss. Genauer gesagt: „‚Signal' nennen wir ein System, das asymetrische [sic] Elemente und Ordnungen disparater Größen enthält; ‚Zeichen' nennen wir, was in einem derartigen System geschieht, was im Intervall aufblitzt, etwa eine Kommunikation, die sich zwischen den Disparata her-

[20] Simondon, „Das Individuum und seine Genese", S. 39. [Übersetzung geändert, A.d.Ü.]

stellt."[21] Nach Deleuzes Vorschlag bezeichnet „Signal" das System im Zustand der Disparation, sobald die interne Resonanz etabliert ist, zum Beispiel die beiden Netzhautbilder im Zustand der Disparation oder auch der Keim, der die Mutterlösung in Resonanz versetzt. Wie Simondon sagte, tritt Information dann auf, wenn der Sender und der Empfänger von Signalen ein System bilden. Diese Kopplung nennt Deleuze Signal. Hingegen reserviert er den Ausdruck „Zeichen" für das, „was in einem derartigen System geschieht, was im Intervall aufblitzt".[22] Das Zeichen blitzt als Lösung eines Problems auf; es imitiert oder repräsentiert keine vorgängig existierende Realität, sondern löst auf kreative Weise einen zwiespältigen Konflikt. Hier ersetzt das Modell des disparaten Werdens definitiv dasjenige der mimetischen Ähnlichkeit. Die Rede vom Zeichen ersetzt die Theorie der Information, und wenn Deleuze den Begriff der Kommunikation aufgreift, so geschieht dies stets in dem Simondon'schen Sinn der internen Resonanz. Deleuzes intensive Semiotik begreift also das Signal als eine Disparation, ein metastabiles Gleichgewicht, das die Individuation eines beliebigen Phänomens, z.B. eines aufblitzenden Zeichens, in Gang setzt.

Worin besteht also das Zeichen? Wir sind im Begriff, uns der intensiven Theorie des Zeichens und der asymmetrischen Genese des Sinnlichen, die in *Differenz und Wiederholung* entwickelt wird und in der ein

[21] Deleuze, *Differenz und Wiederholung*, S. 38.
[22] Ebd., S. 38.

Simondon'scher Nachhall mitschwingt, anzunähern. Das Zeichen entsteht aus einer Potentialdifferenz: Sein Übertragungsmodus ist nicht vom Typ eines signifikanten Ausdrucks, sondern einer elektromagnetischen Intensität. Deleuze zieht also der phänomenologischen Erscheinung das disparative Aufblitzen eines Zeichens, eines intensiven Blitzes, vor. Dies erfordert zudem eine Logik des Verbs, das besser als Substantive und Adjektive geeignet ist, dem Werden gerecht zu werden. Zum Ausdruck der Spannungsdifferenz bedarf es eines Verbs im Infinitiv, nicht der Stabilität eines Nomens. „Wenn heterogene Reihen miteinander in Kommunikation getreten sind, ergeben sich daraus alle möglichen Folgen im System. Es ‚passiert' etwas zwischen den Rändern; Ereignisse brechen los, Phänomene leuchten auf, wie Blitz oder Blitzschlag."[23] Ein Zeichen blitzt auf wie eine Singularität. Die Asymmetrie ist seine primäre Charakteristik. Dies gilt im Allgemeinen für jede Produktion eines Effekts: Ein jedes Phänomen ist ein Zeichen, das in einem System als Lösung einer Potentialdifferenz aufblitzt. Deleuze bezeichnet diese Asymmetrie als „das Ungleiche an sich, die *Disparation*, wie sie in der Intensitätsdifferenz, in der Intensität als Differenz enthalten und bestimmt ist."[24] Die Philosophie der Differenz und der Intensität ersetzt demnach die Phänomenologie: „Die Intensität ist die Form der Differenz als Grund des Sinnlichen."[25]

[23] Ebd., S. 156.
[24] Ebd., S. 282.
[25] Ebd.

Hiermit haben wir das Modell einer intensiven Differenzierung vor uns.

Die Intensität übernimmt die Charakteristiken der Simondon'schen Disparation: Die Individuation bringt den kreativen Gewinn, das Auftauchen einer Lösung, die eine neue Konfiguration des Feldes erlaubt, mit sich. Die intensive Individuation tritt durch Disparation zwischen zwei Größenordnungen oder heterogenen Wirklichkeitsordnungen ein, wobei sich zwischen diesen ein objektives problematisches Feld bildet, das durch die Differenz zwischen diesen heterogenen Ordnungen bestimmt wird. In einer vollkommen Simondon'schen Ausdrucksweise bemerkt Deleuze, dass „[d]ie Individuation [...] als Lösungsakt eines derartigen Problems zutage [tritt], oder – was aufs Gleiche hinausläuft – als die Aktualisierung des Potentials und die Herstellung einer Kommunikation zwischen den Disparata".[26] Das In-Kontakt-Treten der disparaten Wirklichkeiten bestimmt die „Ränder", zwischen denen das Zeichen aufblitzt.

Mit der Koproduktion des Individuums und seines Individuationsmilieus, mit dem Konzept der Relation, die ihren Endpunkten äußerlich und vorgängig ist, schlägt Deleuze eine gänzlich neue Theorie der Beziehung zwischen der Produktion des Neuen und deren Umwelt vor. Die Individuation zeigt nicht mehr den Rückfall auf ein Lebensprinzip [élan vital] an, sondern den Individuationsakt, der zugleich das Individuum und sein Milieu koproduziert. An die Stelle des entro-

[26] Ebd., S. 311.

pischen Bergson'schen Modells setzt Deleuze demgemäß ein sowohl ökologisches Modell – das Individuum ist stets mit seinem Milieu verbunden – als auch ein disjunktives Modell – das Individuum und sein Milieu sind stets verschieden.

6. Die Membran und das Leben in den Falten

Sind Simondons vorgeschlagene Analysen des Kristalls, der Individuation und der Disparation bereits außergewöhnlich, so ist seine Analyse des Lebens noch beachtenswerter, wie Deleuze mit großer Anerkennung feststellt. In seiner Rezension weist er darauf hin, dass die Unterschiede zwischen der physischen und der vitalen Individuation „ein[en] Gegenstand tiefgreifender Ausführungen"[27] bei Simondon darstellen: Ihr Regime der Resonanz ist verschieden, denn während der Kristall nur ein einziges Mal die Information empfängt und bloß über seine Ränder hinauswächst, empfängt das Lebewesen wiederholt verschiedene Informationsmitteilungen. Das biologische und das physikalische Individuum unterscheiden sich jedoch vor allem im Hinblick auf den inneren Bereich, und diesbezüglich „schreibt Simondon ein wunderbares Kapitel, ‚Topologie und Ontogenese'".[28] In der Tat definiert Simondon in diesem Kapitel das Lebewesen allein mittels zweier raumzeitlicher Bedingungen:

[27] Deleuze, *Die einsame Insel*, S. 130.
[28] Ebd.

einer räumlichen oder topologischen Bestimmung, der Faltung, und ihrer chronogenetischen Folge, der Einsetzung einer Zeitlichkeit. Die Membran definiert sich mit Hilfe von zwei Eigenschaften: einer selektiven Porosität, die bestimmte Elemente, nicht alle, passieren lässt, und einer polaren Porosität. Sie bestimmt ihre Porosität auf selektive Weise, in einem zentripetalen und einem zentrifugalen Sinn, indem sie bestimmte Substanzen in der einer oder der anderen Richtung passieren lässt und von sich aus den Raum gemäß einer für das Leben charakteristischen Asymmetrie organisiert. Auf diese Weise befördert sie die Entstehung einer gänzlich neuen Eigenschaft: Indem die Membran eine Zirkulationsrichtung einführt, konstituiert und erschafft sie buchstäblich den Innenraum.

Die Membran bestimmt das Lebewesen – gemäß der Formel Simondons, die Deleuze in *Logik des Sinns* mit Bewunderung zitiert: „Das Lebende lebt an der Grenze seiner selbst, auf seiner Grenze."[29] Es ist an der Stelle der Grenze, der äußeren Oberfläche der Haut, an der sich die für das Leben charakteristische Polarität als Aspekt einer topologischen, ihre eigene Metastabilität unterhaltenden Dynamik ereignet. Die Haut verfügt also über eine potentielle vitale und im eigentlichen Sinn oberflächliche Energie. Valérys berühmte Sentenz, „Das Tiefste, das ist die Haut",[30] drückt ihre Gültigkeit auf nicht-metaphorische Weise aus – nicht wegen der einfachen Umkehrung von Oberfläche und

[29] Gilles Deleuze, *Logik des Sinns*, Frankfurt a.M.: Suhrkamp 2014, S. 136. Simondon, *L'Individuation*, S. 224.
[30] Zitiert bei Deleuze, *Logik des Sinns*, S. 136.

Tiefe, sondern weil die Tiefe buchstäblich erzeugt, von der Haut ausgeschieden wird.

Daraus folgt eine zweite ebenso aussagekräftige Konsequenz. Indem die polarisierte Membran das Innere vom Äußeren scheidet, differenziert sie den Zeitfluss und begründet die Interiorität einer gelebten Zeit. Wenn die Polarisierung der Membran das Lebewesen charakterisiert, so ist sie nicht nur topologisch, sondern auch chronogenetisch: Sie produziert Zeit. Die dünne polarisierte Schicht unterscheidet das Innere vom Äußeren und säumt die Zeit des Lebewesens wie zwei Wellen. Die nützliche oder schädliche Gegenwart entsteht an der äußeren Oberfläche der Haut; sie löst die Aktion aus und tritt als ein zukünftiger Modus auf. Was sich äußerlich ereignet, kann verinnerlicht werden oder nicht, kann das Individuum schädigen oder nicht: Das Außen bewirkt Assimilations- oder Abstoßungsverhalten und ruft eine Begegnung mit einer zukünftigen Zeit hervor. Die Zukunft hängt von dem aktuellen Geschehen ab und unterteilt sich in günstige und ungünstige, nützliche und schädliche Aktionen. Das organische Gedächtnis des Lebewesens ist hingegen das, was im Inneren verbleibt, seine vitale Identität, seine Wiederholungsformel, seine Vergangenheit. Daher Simondons bemerkenswerte Formulierung, die Deleuze oft zitiert: „Auf der Ebene der polarisierten Membran stoßen die innere Vergangenheit und die äußere Zukunft aufeinander."[31]

[31] Ebd. Simondon, *L'Individuation*, S. 227.

Schluss

„Die von Simondon eingeführten neuen Begriffe scheinen uns von höchster Wichtigkeit zu sein; ihr Reichtum und ihre Originalität beeindrucken oder beeinflussen den Leser."[32] Die Simondon'sche Definition der Individuation ermöglicht es Deleuze, seine Philosophie der Differenz dank der Definition des Zeichens als Disparation zu präzisieren. Simondon ist nicht nur entscheidend für die Metaphysik der Differenz und für die intensive Semiotik, für die von Deleuze in *Differenz und Wiederholung* ins Werk gesetzte Energetik der Individuation, er zeigt ihm außerdem auf, wie sich die Bewusstseinshypothese vermeiden lässt: Die Ersetzung der subjektiven Transzendenz durch die Verteilung von strukturell vollständig differenzierten Singularitäten erlaubt es Deleuze, ein unpersönliches oder vorpersönliches transzendentales Feld zu konzipieren. Diese Singularitäten treten als Bedingungen auf, als „transzendentaler Grund" der Individuationen und menschlichen Subjektivierungen und geben Rechenschaft von der Genese der Individuen und Personen. Sie verteilen sich gemäß eines Potentials, in dem man die metastabile Disparation Simondons wiedererkennt – ein Potential, „das seinerseits weder ‚Ich' [*Moi*] noch Ich [*Je*] umfaßt, sondern sie in seiner Aktualisierung, seiner Verwirklichung erst hervorbringt".[33] Dank dieser Analyse hält Deleuze an

[32] Deleuze, *Die einsame Insel*, S. 131.

[33] Deleuze, *Logik des Sinns*, S. 135.

seiner transzendentalen Konstitution psychischer Individuen fest, da ja die körperlichen Individuationen, die unbewussten und sprachlichen Subjektivierungen ihrem vorindividuellen Individuationsmilieu nicht ähneln.

Wir können nun schlussendlich ermessen, wie viel diese Darstellung Simondon schuldet und auf welche erfinderische Weise Deleuze sie sich zu eigen macht. Die Theorie der Individuation erlaubt ihm, die Singularitäten als Ereignisse, die mit heterogenen Serien korrelieren, zu bestimmen. Wie Deleuze klarstellt, organisieren sich die heterogenen Serien „in einem weder stabilen noch instabilen, sondern ‚metastabilen' System [...], das über eine potentielle Energie verfügt und in dem sich die Differenzen zwischen Serien verteilen".[34] Anders gesagt, in Bezug auf die Unterscheidung zwischen dem metastabilen Milieu potentieller Energie und der individuierenden Aktualisierung hält Deleuze an der transzendentalen Konstitution fest, aber er gebraucht das Simondon'sche Konzept der Disparation für ein neues Ziel, das Simondon nicht verfolgt: der Begründung eines transzendentalen Empirismus.

Um diese transzendentale, doch zugleich empirische Genese von Individuen und Subjekten zu gestatten, unterscheidet Deleuze die „reine" Ebene des Ereignisses, ein problematisches, transzendentales Feld, das wohl definiert und zugleich virtuell ist, von der individualisierenden oder subjektiven Aktualisie-

[34] Ebd.

rung. Das Transzendentale nimmt weder die Form eine Subjekts noch eines Individuums an; ebenso wenig ähnelt das Aktuelle dem Virtuellen. Deleuzes abweichende Simondon-Lektüre führt mit Hilfe der folgenden Unterscheidung, die in Simondons Analyse nicht enthalten ist, zu einer Neuausrichtung: die potentielle Energie entspricht der transzendentalen Differenz, d.h. dem Virtuellen, während die Individuation die virtuelle Ebene unter einer gegebenen empirischen Form aktualisiert. Der Gewinn dieser Analyse ist, dass die anthropologische Ebene der Subjekt-Individuen, d.h. die Form „Mensch", sich auf dem gleichen Niveau der Differenzierungen und Individuationen befindet und nicht mehr als eine transzendente, der Aktualisierung vorgängige Form vorausgesetzt werden muss.

Hier zeigt sich ebenfalls, in welchen Aspekten Deleuze sich von Simondon distanziert: Nach seiner Einschätzung lässt sich die Differenz nicht dadurch erreichen, dass man die Identität abwandelt oder aufweicht, sondern man muss sich des Konzepts des Seins, das Simondon in seiner ganzen Untersuchung beibehält, entledigen. Für Simondon ist die Transduktion vorrangig; sie muss als Seinsweise, nicht als Verhältnis zwischen zwei Endpunkten begriffen werden. Wo die Substanz aufhört, Modell des Seins zu sein, wird es möglich, die Relation als „Nichtidentität des Seins mit sich selbst"[35] zu denken. Gleichwohl versteht Simondon die Transduktion unter dem Regime eines

[35] Simondon, „Das Individuum und seine Genese", S. 40.

Vereinheitlichungsprozesses, anstatt der Heterogenität Vorrang zu gewähren. Die Vorrangstellung der Relation über ihre Endpunkte und die Konzeption der Relation als „Nichtidentität" markieren zugleich einen Punkt des Einverständnisses als auch eine Schwelle der Divergenz zwischen den beiden Denkern. Denn Deleuze fordert ein affirmatives Denken der Differenz, wohingegen Simondon die Differenz weiterhin in der Begrifflichkeit von Nichtidentität fasst – aus Sicht Deleuzes ein inakzeptabler Rückfall in eine Logik der Identität, die durch nichts gerechtfertigt ist, da die Relation ihren Endpunkten vorgängig ist.

Daher ist, nach Deleuze, die substantivierte Vielheit inkompatibel mit Simondons Definition eines sich dephasierenden Seins, das sich bestimmt als ein Mehr als Sein und Mehr als Einheit,[36] aber gleichwohl die essentielle Dimension der Einheit beibehält. Simondons metastabiles Sein impliziert zwar einen Übergang von Gleichgewichtsphasen, aber er vereinheitlicht diese in den Dephasierungen des Seins. Indem Simondon die Vielheit durch eine Komplikation[37] erreicht, unterliegt er weiterhin dem Regime des Einen und gibt sich still-

[36] Die Formel, die Simondon gebraucht ist „mehr als Einheit und mehr als Identität" [*plus qu'unité et plus qu'identité*]; siehe Simondon, *L'Individuation*, S. 26 und 149. In seiner Rezension von 1966 schreibt Deleuze: „Und was Simondon erarbeitet, ist eine ganze Ontologie, der zufolge das Sein niemals Eines ist: als präindividuell ist es mehr als ein metastabiles, geschichtetes, sich selbst simultanes Sein; als individuiert ist es immer noch Vieles, weil ‚polyphasiert', ‚eine Phase des Werdens, die zu neuen Operationen führen wird'." Deleuze, *Die einsame Insel*, S. 131–132. [A.d.Ü.]

[37] Deleuze definiert „Komplikation" folgendermaßen: „hier handelt es sich um die Koexistenz asymmetrischer und nicht kommunizierender Teile" (Gilles Deleuze, *Proust und die Zeichen*, Berlin: Merve 1993, S. 94) – eine Definition, die auch bei Simondon Zustimmung finden würde. Wichtig ist, dass eine

schweigend einen Mittelpunkt, wie übrigens der Ausdruck, „Mehr“ als Sein, „Mehr“ als Einheit genau deutlich macht. Hierin weichen die beiden Denker voneinander ab.

Nichtsdestotrotz markiert die Transduktion ein wichtiges logisches Moment in der Ausarbeitung der Deleuze'schen Differenz. Sie impliziert gleichfalls diese neue Denkweise, diese Philosophie der Differenz, der gleichwohl der Begriff „Ontologie“ aus Sicht Deleuzes nicht mehr angemessen ist, wohingegen Simondon ihn weiterhin gebraucht. Sobald das Werden seine Diskrepanz bejaht, erübrigt es sich, ein vereinheitlichtes Bild der Metaphysik unter der Form einer Ontologie, eines Seinsdiskurses des Einen, beizubehalten.[38] Während Simondon eine Ontogenese definiert, zieht Deleuze Guattaris schönen Ausdruck der Heterogenese vor.

Vielheit die qualitative Heterogenität bewahrt; sie lässt sich nicht durch eine Addition von quantitativen homogenen Einheiten herstellen. [A.d.Ü.]

[38] Simondon, „Das Individuum und seine Genese“, S. 31–40. Gilles Deleuze u. Félix Guattari, *Tausend Plateaus. Kapitalismus und Schizophrenie II*, Berlin: Merve 2005, S. 130f.

FÜR EINE ÖKOLOGIE DER LITERATUR DELEUZES PROUST

Gilles Deleuzes Auseinandersetzung mit dem Formalismus ist kontinuierlich. Sie belebt sein Denken seit den ersten scharfsinnigen Entwürfen, in denen er philosophische Systeme in einer resolut synchronen Sichtweise auf ein konsistentes Kernproblem konzentriert. Ab 1967 widmet sich Deleuze dem Wandel, der sich in der Auffassung des Sinnbegriffs in der Linguistik, der Anthropologie, der Psychoanalyse, aber auch der Politik und der Literatur vollzieht. Ein sprachliches Zeichen, zum Beispiel ein Wort, hat an sich keine Bedeutung. Es ist weder subjektiv im gewöhnlichen Sinn (als Produkt eines mentalen, bewussten Akts) noch objektiv oder gegeben in der Wirklichkeit. Nur in Abhängigkeit von dem Spiel der Beziehungen im Inneren des Systems, in dem es auftritt, erhält es einen Sinn. All diese theoretischen Diskurse lassen uns von einer Theorie der Bedeutung zu einer Theorie der Produktion des Sinns übergehen. So unterschiedliche Elemente wie ein Sprechakt, eine unbewusste Produktion, ein sozialer Konflikt, eine Verwandtschaftsbeziehung oder ein Mythos verweisen weder auf einen empirischen Referenten noch auf eine sprachliche Bedeutung oder eine gegebene Essenz. Woher rührt also ihr Sinn? Er rührt von einem Effekt der Position, einem als symbolisch qualifizierten Spiel der Beziehungen, das eine neue Zone der Sinnproduktion einrichtet.

Diese epistemologische Neuerung, die man gewöhnlich unter dem Etikett „Strukturalismus" zusammenfasst, hat Auswirkungen auf die Philosophie. Sie trennt diejenigen, die den Sinn für ein Produkt halten, von denen, die ihn bewahren wollen als ein Reservoir von Transzendenz, erstarrt zwischen ewigen Essenzen oder versteckt in der Intentionalität einer menschlichen Innerlichkeit. Obgleich Deleuze bezweifelt, dass das Etikett des Strukturalismus etwas anderes bezeichnet als eine rein polemische Einheit, übernimmt er zunächst den Begriff der Struktur, der es ihm ermöglicht, mit der Phänomenologie zu brechen. Dadurch gewinnt er die Konzeption des Sinns als Oberflächeneffekt und nicht als transzendenter Sprung in eine andere Dimension, in unbewusste Tiefen oder eine spirituelle Höhe.

Was seine philosophische Schöpfung und auch seine literarische Auslegung anbelangt, so scheint sich Deleuze sowohl in *Logik des Sinns* (1969) als auch in seinen ersten beiden Versionen von *Proust und die Zeichen* (1964 und 1970) noch für eine Interpretation im Sinne der Signifikation interessiert zu haben. Sobald er sich jedoch mit Félix Guattari verbündet, weicht das Regime der Interpretation einem Regime des Experiments, das die strukturalen Formalismen auf eine pragmatische und ökologische Dimension hin öffnet. Die Zeichen – gleichviel ob es sich um sprachliche, spirituelle, biologische oder materielle Zeichen handelt – gelten nicht mehr als degradierte materielle Kopien einer Repräsentation oder einer mentalen Bedeutung, sondern breiten sich aus als Affektkarten, als ökologische Semiotiken, als Ethologien eines Territoriums. Dadurch ändert sich vollends der Status der Erfahrung als auch der Formalismen.

Es gibt keine reine, originäre Erfahrung, die durch eine Reduktion auffindbar oder wissenschaftlich analysierbar wäre und ein für alle Mal als Untergrund unserer formalen, begrifflichen Operationen herhalten würde. Ebenso wenig gibt es eine exklusive Konstitutionsebene, die die Erfahrung an ihre körperliche, formale oder soziologische Dimension (oder eine Mischung dieser Aspekte) knüpfte. Die Erfahrung ist ein Produkt, und sie wird produziert durch eine Kreuzung realer Effekte (Ökologie) und Produktionen des Sinns (Formalismus). Die Sinnproduktion bezieht sich nicht mehr auf eine streng strukturale Operation, die einem Zeichensystem innerlich ist, sondern auf ein Experimentieren, das auf ökologische Weise einen neuen Erfahrungsmodus begründet. Seit seinem Artikel „Maschine und Struktur", der 1969 die Begegnung mit Deleuze einleitet, bezeichnet Guattari diesen experimentellen Erfahrungsmodus als Maschine. Dies verleiht der philosophischen oder literarischen Kritik eine klinische Dimension, die endgültig mit den Kategorien des Imaginären (Theorie der Archetypen nach Gaston Bachelard oder C.G. Jung) und des Symbolischen (strukturaler Formalismus) bricht.

In dieser Entwicklung von einem Formalismus zu einer Ökologie der Zeichen kommt einer gewissen Person eine privilegierte Rolle zu: Es handelt sich um Proust, dem beide, Deleuze und Guattari, gemeinsam und jeder für sich, zahlreiche Analysen widmen.

Anhand der Aufeinanderfolge von Publikationen lässt sich der theoretische Scheideweg verfolgen, wonach die Zeichen aufhören, bloß mental, diskursiv und abhängig vom menschlichen Individuum zu sein und stattdessen biologisch, materiell und sozial werden.[1] Unter Berücksichtigung der Lehren des Formalismus und dank der Zusammenarbeit mit Guattari begreift Deleuze die Literatur im Sinne von Maschinen, die sowohl von den Verpflichtungen des subjektiven Ausdrucks als auch der objektiven Repräsentation befreit sind. Ziel ist jedoch nicht, die Literatur auf sich selbst zu beschränken, sondern vielmehr in ihr eine Diagrammatisierung von sich überschneidenden Lebenswelten zu sehen. Sie ermöglicht es uns, diese Lebenswelten aktiv zu rekonstruieren. Dieser Wandel in der Auffassung der Literatur kann als „ökologisch" bezeichnet werden – in dem Sinne, den Guattari diesem Begriff verleiht.[2] Ökologie wird nicht länger als „Umwelt" bzw. „Umweltschutz" verstanden, als ob eine unberührte Natur außerhalb unserer Kulturen bestünde. Stattdessen konstituiert sich die Ökologie zugleich als soziale und mentale Umwelt; Proust offeriert ein hervorragendes Beispiel für die sensorische Durchdringung der Zeichenwelten, in die er seine

[1] Eine ausführlichere Darstellung in Bezug auf Proust, Guattari und den Übergang von einem strukturalen Formalismus zu einem maschinischen Formalismus findet sich in Anne Sauvagnargues, *Deleuze et l'art*, Paris: PUF 2005 und dies., *Deleuze. L'empirisme transcendantal*, Paris: PUF 2009. Guattari zählt Proust zu seinen bevorzugten Autoren (*Psychoanalyse et transversalité*, Paris: Maspero 1982, S. 154) und widmet ihm lange Analysen in: *L'Inconscient machinique*, Paris: Editions Recherches 1979 und *Chaosmose*, Paris: Galilée 1992 [auf Deutsch: *Chaosmose*, Wien/Berlin: Turia + Kant 2014. A.d.Ü].

[2] Félix Guattari, *Die drei Ökologien*, Wien: Passagen 1994.

Romanfiguren verwickelt und wodurch er sowohl die Figuren als auch uns, als Leser, neu erfindet.

Proust und die Zeichenwelten

Die Grundzüge eines ökologischen Ansatzes einer Zeichentheorie lassen sich bereits mit Deleuzes ersten Schriften feststellen. Zweifelsohne entspricht Deleuze noch sehr dem strukturalistischen Zeitgeist, als er 1964 Prousts Werk als eine Lehre beschrieb, die „wesentlich *Zeichen*" betrifft.[3] In diesem frühen Text kann man dennoch schon die Krise diagnostizieren, die die formale Syntax in Unordnung bringt und die symbolische Rückwendung der Zeichen auf sich selbst genügende Systeme verwirft. Der Anschluss der Philosophie an die Literatur vollzieht sich nicht zugunsten einer allegorischen Ausdeutung der Dichte des Textes, der auf sein formales Gerüst oder eine umfassende hermeneutische Logik reduziert wird. Von vornherein entreißt Deleuze die Zeichen ihrer internen Dimension, ihrer strukturalen Komposition in den Buchsta-

[3] Gilles Deleuze, *Proust und die Zeichen*, Berlin: Merve 1993, S. 8. In den Jahren 1970 und 1976 bringt Deleuze zwei überarbeitete und ergänzte Neuauflagen der ersten Fassung von 1964 heraus. Die dritte Version enthält als Schlusskapitel einen Artikel, der 1973 auf Italienisch erschienen ist und eine Ausarbeitung des Vortrags darstellt, den Deleuze auf der Konferenz „Proust et la nouvelle critique", organisiert von der ENS in Paris im Jahr 1972, gehalten hat. Weitere Teilnehmende an der Konferenz waren Roland Barthes, Gérard Genette, Serge Doubrovsky, Jean-Pierre Richard und Jean Ricardou. Siehe „Gesprächsrunde über Proust", in: ders., *Schizophrenie und Gesellschaft. Texte und Gespräche von 1975 bis 1995*, Frankfurt a.M.: Suhrkamp 2005, S. 30–56. [Die deutsche Übersetzung von *Proust und die Zeichen* basiert auf der dritten Ausgabe von 1976: Gilles Deleuze, *Proust und die Zeichen*, Berlin: Merve 1993. A.d.Ü.]

ben des Textes und stellt sie in Welten zusammen. Er vervielfältigt sie je nach Erfahrungsmilieu, ganz in der Art von Jakob von Uexküll, dezentralisiert das kantische Transzendentale in zahlreiche nietzscheanische vitale Perspektiven, die individuierende Standpunkte und unterschiedliche empfindungsfähige Bilder vorstellen. Dank dieser Abweichung entzieht sich Deleuze schon von Beginn an den strukturalen Operationen.

In diesem Jugendtext präsentiert Deleuze vier Typen von Welt, die er mit verschiedenen psychischen Vermögen, verschiedenartigen Zeiten und unterschiedlichen sowie unvereinbaren semiotischen Büscheln verbindet. Die erste Welt, die Deleuze erkundet, ist die gesellschaftliche Welt des Snobismus: das skurrile Porträt der Salons; die Zeit, die man dort verliert; der blinde Verstand. Es folgt die Welt der Liebe mit ihren peinigenden Indizien, eifersüchtigen Affekten, ihrer verlorenen Zeit und ihrem gewaltsamen Begehren. Die Welt der sinnlichen Zeichen erfasst vermittels einer unwillkürlichen Erinnerung [*mémoire involontaire*] flottierende Individuationen, Landschaften oder Qualitäten sowie eine wiedergefundene, in der Empfindung aktualisierte und komprimierte Zeit. Die Welt der Kunst schließlich mit ihren spezifischen kultivierten Zeichen fordert das reine Denken heraus, wenn sie „ein kleines Quantum zusatzloser Zeit",[4] einen in einem Wort eingekapselten Eindruck wiedergibt. Diese vier Welten bringen unsere Vermögen (Ver-

[4] Marcel Proust, *Die wiedergefundene Zeit*, in: *Auf der Suche nach der verlorenen Zeit*, Frankfurt a.M.: Suhrkamp 1976, Bd. 3, S. 3953.

stand, Einbildungskraft, Begehren, Sinnlichkeit) in Kontakt mit einer sie übersteigenden Erfahrung, welche zugleich Bedingung eines wahren Denkens im Sinne der Konstitution von Problemen und Erfindung von Begriffen ist.

Wenn er das Fortschreiten von der sozialen Dimension (Snobismus und mondäne Weltlichkeit) zum Begehren (Eifersucht), von der Wahrnehmung (Geschmack, Aroma, Geruch) zur Welt der Kunst (künstliche oder konstruierte Zeichen) untersucht, liebäugelt Deleuze im Jahr 1964 zweifelsohne mit einer Hierarchie neuplatonischen Aussehens: Sie regelt den stufenweisen Aufstieg von einer Welt der Zeichen zur anderen und kulminiert in der Welt der Kunst, die allein Zugang zur „Essenz" verschafft. Diese ihrem Anschein nach aufsteigende Pyramide wird jedoch unmittelbar unterlaufen. Die Essenz wird als „Einheit von Zeichen und Bedeutung"[5] definiert und nicht etwa als eine von ihrer Zeichenmaterie unterschiedene Bedeutung. Die Ketten von Zeichen, Ritornelle im wahrsten Sinne des Wortes, stellen keineswegs die Ordnung einer einheitlichen Welt dar, deren stufenweiser Aufbau vom Sozialen zum Unbewussten, zur Wahrnehmung und dann zur Kunst führte. Ihre Mannigfaltigkeit unterbreitet eher ein Bündel möglicher theoretischer Konzeptionalisierungen der Literatur, die Deleuze einbezieht, indem er nicht so sehr eine Vereinheitlichung als vielmehr eine Verschiebung anstrebt: ein soziologischer Materialismus Balzac'scher Prägung, eine Psychoana-

[5] Deleuze, *Proust und die Zeichen*, S. 34, S. 36.

lyse des Unbewussten, eine Kunstphilosophie mit Nuancen à la Schelling, in der die Kunst, analog zur Philosophie, Zugang zur Essenz gewährt, eine Phänomenologie der reinen Erfahrung. Die Zeichenwelten bleiben prinzipiell offen und kontingent: Eine andere Route könnte andere Welten durchqueren; die Zeichenwelten folgen nicht entsprechend einer exklusiven, ontologischen Ausrichtung aufeinander. Die Materialität der Zeichen zerstäubt nicht, um ihren spirituellen Sinn freizulegen, sondern der Sinn bleibt stets verbunden mit dem Zeichen. Dank ihrer konkreten Dichte, ihrer „ethologischen" Konsistenz, formen sich die Zeichen zu Erfahrungsblasen in unterschiedlichen Milieus. Die Erfahrung vervielfältigt sich je nach der Verschiedenheit der Welten, Indizes und Lebensarten.

Begegnung und Diagnostik

Aufgrund der Materialität einer aleatorischen Begegnung mit unbekannten Zeichen zwingen uns diese zum Denken. In diesem frühen Text befreit Deleuze die Literatur endgültig von der undankbaren Aufgabe, die Philosophie zu illustrieren. Dabei reduziert er den materiellen Textkorpus durchaus nicht auf seine operative Bedeutungsstruktur. Er beschränkt seine Intervention auf die textuellen Ränder; die Oberfläche des Sinns fällt mit dem Buchstaben des Textes zusammen: Sie weist keine Löcher auf im Hinblick auf die *Bezeichnung* empirischer Objekte, so wie es ein naiver Empirismus wollen würde; auch nicht im Hinblick auf die

Bedeutung (logisches oder bezeichnendes Wesen) – eine allegorische Position, auf die Jacques Rancière Deleuze gerne reduzieren würde, denn er ignoriert Deleuzes Ethologie der Zeichen;[6] und ebenso wenig im Hinblick auf die *Manifestation* des Subjekts (Psychoanalyse des Autors, personifiziert in dem kleinen Marcel, oder Vorhandensein einer phänomenologischen Empfindung). Ganz im Gegenteil entlehnt Deleuze von Proust den Nachweis eines zornigen und machtlosen Denkens, das durch eine es übersteigende Erfahrung gewaltsam aufgerufen wird. Wir denken nicht, wenn wir wollen, noch wenn wir intelligent zu sein wünschen, sondern wenn wir durch die unvorhersehbare Gewalt der Zeichen aufgeschreckt werden. Die Zeichen affizieren uns, ohne dass ihr Sinn gegeben wäre; es können gesellschaftliche, affektive, sinnliche oder kulturelle Zeichen sein. Ihre Verständlichkeit muss konstruiert werden auf der Grundlage von Affekten, die das Denken von einer Erfahrung eingenommen zeigen, welche weder in der Form von Sachverhalten oder Bedeutungen noch als Form der Innerlichkeit eines phänomenologischen Subjekts präexistiert. Dort, wo das Denken durch affizierende Zeichen, deren Sinn noch erschlossen werden muss, hervorgerufen wird, spaltet sich die Erfahrung in materiell konstituierte Probleme auf.

[6] Jacques Rancière, „Existe-t-il une esthétique deleuzienne?“, in: Eric Alliez (Hg.), *Gilles Deleuze. Une vie philosophique*, Le Plessis-Robinson: Institut Synthélabo 1998, S. 525–536. Jacques Rancière, „Deleuze, Bartleby und die literarische Formel“, in: ders., *Das Fleisch der Worte. Politik(en) der Schrift*, Zürich/Berlin: diaphanes 2010, S. 209–235.

Mit Blick auf diesen problematischen Begegnungsmodus zeigt sich, dass Prousts Werk weniger mit der Erinnerung, der melancholischen Verewigung einer auf ihren reinen Zustand konzentrierten zufälligen Begebenheit befasst ist als vielmehr mit diesem spinozistischen und nietzscheanischen Abenteuer, das das Denken einer ungeordneten Kette von Zeichen, d.h. vielfältigen vitalen als auch gesellschaftlichen, materiellen nicht weniger als ideellen Semiotiken aussetzt. Eine solche Philosophie der Erfahrung zerteilt sich in Form von klinischen Diagnosen durch die Konstruktion von Begriffen. Insofern das Denken unter Bedingung eines gewaltsamen Einbruchs materieller Zeichen, die es an die Grenze seines Vermögens bringen, hervorgerufen wird, entwirft es sich als klinischer Akt, als Reaktion auf die fragmentarischen Zeichenketten, Signale und unterschiedlichen Codes.

Eine zweite theoretische Wende vollzieht sich im Jahr 1968, als Deleuze seine komplementäre Doktorarbeit [*thèse complémentaire*] abschließt: Sie reorganisiert das gesamte Werk Spinozas um den Begriff des Ausdrucks als eine politische Kritik des Zeichens und der Einbildungskraft.[7] Die These, dass die Zeichen durch Analogie auf eine allegorische Bedeutung, einen emi-

[7] Gilles Deleuze, *Spinoza und das Problem des Ausdrucks in der Philosophie*, München: Fink 2002. [Vor dem Hintergrund einer hundertjährigen Tradition war es in Frankreich Mitte des 20. Jahrhunderts noch erforderlich, zur Erlangung des Doktorgrades (*Doctorat ès lettres*) zwei Dissertationen an der humanistischen Fakultät einzureichen: eine erste Dissertation (*thèse principale*) und eine komplementäre Dissertation (*thèse complémentaire*). Erst 1968 mit einer Gesetzesreform unter dem Erziehungsminister Edgar Faure wurde die *thèse complémentaire* abgeschafft – in demselben Jahr, in dem Deleuze seine beiden Dissertationen einreichte. A.d.Ü.]

nenten Sinn verweisen, bindet, so Spinoza, unser Denken an den Gehorsam gegenüber einer äquivoken Transzendenz. Die Zeichen implizieren keinen analogen, transzendenten Sinn, sondern experimentieren tatsächlich mit der Karte unserer körperlichen Affektionen, d.h. mit dem, worauf wir empfindlich reagieren. Die epistemologische Kritik des analogen Zeichens führt zu einer Klinik der Emanzipation, eine therapeutische Befreiung von der sklavischen Abhängigkeit gegenüber der Transzendenz. Die Zeichen symbolisieren nicht mehr auf allegorische Art einen eminenten Sinn, sondern beeinflussen auf ethologische Weise unsere körperliche Situation. Rancière ignoriert diese Ethologie, wenn er den von Deleuze vorgeschlagenen Nutzen der Literatur mit einem allegorischen Gebrauch verwechselt und wenn er behauptet, dass die Geschichte (die Handlung der *Recherche*) oder die Figur (Charlus) zum Emblem oder Symbol des Schicksals der Literatur werden und dass das Werk als Sinnbild seines eigenen Wirkungsvermögens auftritt. Der junge Proust hätte sich, sagt uns Rancière, ein Buch gewünscht, das „aus der Substanz einiger, der Zeit entrissenen Augenblicke", aus „Tropfen von Licht", einer „gefühlten Substanz" bestünde. Derartiges ließe sich nur vermitteln „durch die Konstruktion einer analogen Erzählung", dazu geschaffen, „denselben Affekt fühlen zu lassen wie diese reine Sinnlichkeit, die vielleicht denkt, aber sicherlich nicht schreibt".[8] Die diskursiven Zeichen, die als abge-

[8] Rancière, „Existe-t-il une esthétique deleuzienne?", S. 535.

schlossen von den anderen Zeichenregimen bestimmt werden, sind aufgrund dessen dazu verurteilt, mit den anderen Zeichen nur eine Beziehung im Sinne einer analogen Bedeutung zu unterhalten. Hingegen impliziert die Erzählung für Deleuze keine anderen Affekte als diejenigen, die sie unmittelbar konstruiert und durch ihren Stil individuiert. Anstatt auf zweideutige Art und Weise einen transzendenten und versteckten Sinn zu insinuieren, zeigen die Zeichen wirksame Kräfteverhältnisse auf, die diejenigen einbeziehen, die von ihnen affiziert sind; sie drücken eine bewegliche Karte der Arten zu affizieren und affiziert zu werden aus, wodurch sich unsere Individuationen herausbilden. Auf diese Weise wird die Ethik ein Experimentieren; wir werden beurteilt an dem physisch-chemischen Maßstab unserer Zustände, nicht etwa nach einem moralischen Urteil, das sich um unsere Handlungen und Intentionen dreht. Alles hängt ab von den wirksamen Beziehungen, in die wir eintreten und durch die unsere Handlungskraft begünstigt oder verringert wird. Dies ist es, was uns die fragmentarische und singuläre Karte der Proust'schen Welten, geschaffen durch literarische Experimente, zeigt. Die Karte der Guermantes und die der Verdurins überschneiden sich nicht – wie Swann, der von einer zur anderen springt, schmerzlich feststellen muss –, ebenso wenig bringen sie ein einheitliches Milieu hervor: Von den amourösen Vermengungen bis zu den gesellschaftlichen Festlichkeiten, den Kunsterfahrungen (Vinteuils Sonate) bis hin zu den sinnlichen Eindrücken (ein so intensives Mondlicht, dass man beinahe seine Zeitung lesen könnte) – eine jede der Welten borgt Zeichen von der anderen und rekonfiguriert sie in der Schrift. Ebenso affizieren sie ihre Leser und diejenigen, die es wagen, die Zeichen unterschiedlich zu verbinden entsprechend ihrer jeweiligen Lektüre.

Es handelt sich keineswegs um die Wiedergabe der Erfahrung unter einer einheitlichen und originären Form der Vergangenheit, eines präexistierenden Sinns, einer formalen Struktur, einer gefühlten Substanz oder wahren Essenz; denn die Erfahrung geht nicht den vielfältigen klinischen Akten voraus, die ihr Form verleihen. Diese klinischen Akte korrespondieren mit den Veränderungen der Charaktere, mit dem vielfachen, sukzessiven Eintauchen in unterschiedliche Milieus, die sie durchqueren und mehr schlecht als recht verbinden, entsprechend unserer vielfältigen Lektüren. Dieser dritte theoretische Wendepunkt unterscheidet Deleuze von jedweder Phänomenologie, wie sich bereits in dem Schlusskapitel der ersten Version von *Proust und die Zeichen* andeutet, wenn Deleuze an ein neues Bild des Denkens appelliert und die kantische Kritik der Erfahrung auf bemerkenswerte Weise modifiziert. Die Kritik reduziert die Erfahrung nicht auf die einheitliche transzendentale Struktur eines ewigen Subjekts, so wie Kant es wollte, sondern führt zu einer Klinik von spinozistischer und nietzscheanischer Prägung: Sie vervielfältigt die Typologien der Denker und dramatisiert den Gedanken je nach der Art der Erfahrung, die ihre eigene Dosierung und Kasuistik enthält. Der eifersüchtige Liebhaber oder der Snob interessieren sich nicht für dieselben

Sinnesqualitäten, suchen nicht dieselbe „Wahrheit", verfügen nicht über dieselbe Karte von Affekten und bewegen sich tatsächlich in verschiedenen, nicht deckungsgleichen Welten. Diese Welten begünstigen jedoch das Einfangen von Zeichenserien, wodurch sich die literarischen Personen für uns herausbilden, insofern wir sie durch unsere Lektüren individuieren.

Um das Bild des Denkens (hier verstanden als Repräsentation, die sich das Denken von seiner eigenen Tätigkeit anfertigt) zu erneuern, stützt sich Deleuze in der Tat auf einen Roman, eine literarisch konstruierte, klinische Erfahrung, die exakte Abmessung eines besonderen Falls, in dem *eine singuläre*, keinesfalls verallgemeinerbare Erfahrung auf einzigartige Weise literarisch verzeichnet wird. Er beruft sich nicht auf einen Versuch über die Methode, in dem die Erfahrung des Denkens überhaupt reflektiert, abgepaust [*décalquée*] wäre.[9] Das Denken operiert nicht durch den souveränen Gebrauch einer Methode, die schrittweise zur Wahrheit führen würde. Im Jahr 1956 zu Beginn seines allerersten Aufsatzes zu Bergson skizziert Deleuze bereits ein Bild des Denkens, das die Erfahrung als eine neuartige, singuläre Begegnung zwischen Zeichen und Begriffen konzipiert: „Ein großer Philosoph ist derjenige, der neue Begriffe schafft: diese Begriffe gehen über die Dualitäten des gewöhn-

[9] In *Differenz und Wiederholung* führt Deleuze aus, inwiefern Kants transzendentale Bedingungen der Apperzeption bloß eine Kopie oder Blaupause [*décalque*] unserer empirischen Bedingungen der Erfahrung darstellen. Deleuze fordert hingegen, dass sich transzendentale und empirische Bedingungen nicht ähneln. Gilles Deleuze, *Differenz und Wiederholung*, München: Fink 2007, S. 176 u. 186. A.d.Ü.

lichen Denkens hinaus und verleihen zugleich den Dingen eine neue Wahrheit, eine neue Aufteilung, eine außergewöhnliche Zerlegung.“[10] Eine solche Aufteilung schneidet die alltägliche Erfahrung neu zu; sie konfiguriert eine Erfahrung, die nichts Einheitliches hat und nur durch Gewohnheit als solche erscheint: Nur unter dem Regime des Alltäglichen und Gewohnten ist die Erfahrung vereinheitlicht, nicht aber in ihrem ursprünglichen und wesentlichen Modus. Sie erscheint nur dann einheitlich, wenn sie durch die domestizierten Überzeugungen des gesunden Menschenverstands, die konventionellen, durch unsere Art zu sprechen und zu handeln verkürzten Gewohnheiten vereinheitlicht wird. Denken besteht jedoch nicht darin, gültige Antworten auf allgemein bekannte Fragen zu reproduzieren (so definiert sich im Gegenteil die Dummheit). Es versucht hingegen, auf eine experimentelle, tastende Weise das Diagramm eines Erfahrungsbereichs zu erstellen, der stets über sich hinausführt und zur Neuausrichtung verpflichtet. Genauso zwingen die textuellen, von Proust konzipierten Zeichen Deleuze, seine Definition der Philosophie neu auszurichten.

Deleuze bricht mit Kant, der das Transzendentale als apriorische Struktur des Subjekts, als unhistorische Bedingung der Möglichkeit der Erfahrung überhaupt vorstellt. Zugleich entfernt er sich von jeglicher Phänomenologie, die dem Denken, der Endlichkeit

[10] Gilles Deleuze, *Die einsame Insel. Texte und Gespräche von 1953 bis 1974*, Frankfurt a.M.: Suhrkamp 2003, S. 28.

oder dem Fleisch die Aufgabe zuschreibt, die Möglichkeit der Konstitution einer Erfahrung zu gewährleisten. Stattdessen tritt die Erfahrung selbst (aleatorische Begegnung) als virtuelle, jedoch nicht vorgängige Bedingung der Entstehung des Denkens auf: Das Transzendentale ist Bedingung dieser Begegnung zwischen Zeichen und Denken – eine immanente, ideale und doch virtuelle Bedingung, die nicht der besonderen Erfahrung vorausgeht, sondern durch diese konstituiert wird. Unter dieser Bedingung erweist sich das Denken als kreativ, d.h. es ist in seiner Funktionsweise dazu bestimmt, seine Kategorien jedes Mal, wenn eine Begegnung stattfindet, neu zu arrangieren. François Zourabichvili betont ganz richtig, dass „die Erfahrung nur in der Form von Zeichen empfunden werden kann und dass die Zeichen, weil die Erfahrung den Geist stets mit Neuem konfrontiert, nur erschaffen werden können".[11] Dies weist auf die Wichtigkeit der Kunst hin, obgleich sie nicht die einzige Instanz ist, die Konstrukte von Zeichen entwickelt, unsere Lebensgewohnheiten einfängt. Wäre das der Fall, erhielte der Künstler erneut das Privileg, als einziger einen „authentischen" Zugang zur Erfahrung zu besitzen.

Deleuze bezieht das Denken auf materielle Kräfte, die es als seine empirischen Verwirklichungsbedingungen voraussetzt. Diese sind jedoch nicht ausschließlich vitale Kräfte, noch zielen sie auf einen wahrnehmenden Körper, denn das käme einem Rück-

[11] François Zourabichvili, *La littéralité et autres essais sur l'art*, Paris: PUF 2011, S. 242.

fall in eine subjektive Verankerung nach phänomenologischem Muster gleich. Die Relevanz eines Begriffs bemisst sich an seiner Fähigkeit, Gedankenflüsse anzuregen, indem er das Denken in neue Spannungen versetzt. Auf diese Weise weicht das Ideal von Exaktheit und Erkenntnis einem neuen Bild des Denkens, das eine Umwertung mit einer Diagnostik verbindet, mit einer kreativen Perspektive, die sich unter dem Druck eines unerwarteten, jedoch notwendigen Problems herausbildet und nicht ihren Ausführungsbedingungen vorhergeht. Das Problem, das Deleuze gleichfalls als Idee bezeichnet, ersetzt die Rede von der Essenz, der Einheit des Zeichens und der Bedeutung. Erfahrung und Denken bestimmen einander funktionell als ko-existierend und nicht als das eine dem anderen vorgängig. Wenn sich die Philosophie auf die Literatur bezieht, dann nicht deshalb, weil sie sich einen sinnlichen Körper zu geben suchte, noch weil die Poesie dem spekulativen Denken zu Hilfe käme. Die literarische Erfahrung konfrontiert das Denken mit einer singulären, wahrhaft unbekannten Erfahrung, insofern sie über bereits in der Literaturgeschichte erschlossene und zur Verfügung gestellte Erfahrungen hinausführt. Ein jedes Werk, das uns prägt, produziert so eine neue, sinnliche Komposition, eine infernale, experimentelle Maschine, die den Leser in eine neue Welt stürzt. Der literarische Kenner, der von vornherein „gähnt [...], wenn man ihm von einem neuen ‚schönen Buche' spricht", irrt sich, weil „ein schönes Buch einzigartig und unvorhersehbar ist, nicht die Quintessenz aller ihm vorausgegangenen

Meisterwerke, sondern etwas, was man durch vollkommene Aneignung aller dieser nicht finden kann, denn es liegt ja außerhalb ihrer.“[12]

Eine literarische Maschine der Fragmentierung

Die Zunahme von Guattaris Einfluss macht sich in den beiden Neuauflagen von *Proust und die Zeichen* bemerkbar, die Deleuze nacheinander in 1970 und 1976 veröffentlicht, ebenso wie in den neuen Analysen, die Deleuze und Guattari in *Anti-Ödipus* und *Tausend Plateaus* Proust widmen. Zunächst ersetzt Deleuze die Rede von der Interpretation – Interpretation wohlverstanden im nietzscheanischen Sinn als Einfangen der Kräfte und nicht als Rückwendung zum Original – durch die Rede vom Experimentieren und bezeugt damit dem Guattari'schen Begriff der Transversalität seine Achtung.

„Denken ist immer interpretieren, das heißt ein Zeichen explizieren, entwickeln, entziffern, übersetzen“,[13] schreibt Deleuze im Jahr 1964. „Das Interpretieren hat keine andere Einheit als die Transversale“,[14] wirft er im Jahr 1970 ein und zitiert zum ersten Mal Guattari. Durch die Einführung des Begriffs der Transversalität nimmt die Philosophie der Differenz die Form einer

[12] Marcel Proust, *Im Schatten junger Mädchenblüte*, in: ders., *Auf der Suche nach der verlorenen Zeit*, Bd. 1, Frankfurt a.M.: Suhrkamp 1976, S. 863.

[13] Deleuze, *Proust und die Zeichen*, S. 80.

[14] Ebd., S. 103, S. 134. Vgl. auch Sauvagnargues, *L'empirisme transcendantal*, Kapitel XIV.1.

neuen Pragmatik an – mit dem Ziel, „jene, die ein Werk zu ‚deuten' versuchen, das in Wahrheit nur experimentell erprobt sein will",[15] von ihrem Vorhaben abzubringen. Ebenso wie unsere Liebe, unsere Eifersucht sich „aus einer Unendlichkeit aufeinanderfolgender Liebes- und Eifersuchtszustände [...], die nur kurzlebig sind",[16] zusammensetzen, oder so wie die Seite von Méséglise und die Seite von Guermantes nicht direkt kommunizieren, so besteht „[d]as gesamte Werk [...] darin, *Transversalen* herzustellen, [...] die uns von Albertines einem Profil zu ihrem anderen springen lassen, von einer Albertine zur anderen, von einer Welt zur anderen [...], ohne jemals das Vielfältige in einem Ganzen zu sammeln," „ohne daß die *ganzen* irreduziblen Fragmente in einem Ganzen vereint würden."[17] Wie Deleuze und Guattari in ihrem ersten, zur Gänze der Literatur gewidmeten Buch, dem Buch zu Kafka (Prousts Zwilling), eindrücklich zeigen, so besteht unser Bezug zu den Zeichen in einem pragmatischen Experimentieren, das eine singuläre Transformation zur Folge hat, nicht aber in einer Interpretation oder einer sachlichen Rekonstruktion eines im Vorhinein gegebenen Inhalts. Es gibt nur produzierten, keinen bloß gegebenen Sinn.

Die Produktion von Zeichen lässt sich nicht ausschließlich innerhalb der Ordnung des Denkens erklä-

[15] Gilles Deleuze u. Félix Guattari, *Kafka. Für eine kleine Literatur*, Frankfurt a.M.: Suhrkamp 1976, S. 7.
[16] Marcel Proust, *In Swanns Welt*, in: ders., *Auf der Suche nach der verlorenen Zeit*, Bd. 1, Frankfurt a.M.: Suhrkamp 1976, S. 490.
[17] Deleuze, *Proust und die Zeichen*, S. 101.

ren: Die klinische und politische Wende der Analyse öffnet den transzendentalen Empirismus auf eine politische Ethologie der Zeichen. Ein jedes Zeichen verdankt sich nun der Analyse eines kollektiven Äußerungsgefüges, dessen politische und soziale Dimension bewirkt, dass der Sinn sich nicht mehr in einem lediglich diskursiven, von seinen empirischen Wurzeln getrennten Regime bildet. Vielmehr bildet er sich als ein Prozess, der für einen einfachen Formalismus unverständlich bleibt, denn ein Formalismus verweist nicht bloß auf in sich abgeschlossene Codes, sondern auf Erfahrungsmodi, die er konfiguriert, auf Gefüge, die er voraussetzt, und Materialien, die er ins Spiel bringt. Zur Erklärung der Produktion von Sinn vollzieht sich somit eine entschiedene Abkehr von der Struktur zugunsten des Begriffs der Maschine: Der Status des Formalismus hat sich geändert. Der Sinn verweist nicht auf eine formale Syntax, sondern (gemäß einer Marx'schen Produktion) auf konkrete Äußerungsgefüge; er verdankt sich nicht einer ausschließlich logischen oder bezeichnenden Operation. Dennoch bestimmt er sich nicht rein soziologisch durch empirisch-kausale Mechanismen. Die Gefüge übernehmen die Rolle von transzendentalen Bedingungen der Äußerung, die jedoch keine Möglichkeiten bestimmen, sondern im Gegenteil Bedingungen der Blockierung darstellen: An diesen bricht sich eine einzigartige und experimentelle Linie des Schreibens. Der transversale Begriff des Zeichens und des Sinns bezieht sich auf eine Erfahrung, die sich im Zuge der einzelnen Fälle des Experimentierens bildet.

Der Begriff der Transversalität stellt bereits einen solchen Fall des Experimentierens dar. Guattari erschafft ihn zunächst aus pragmatischen Gründen als einen klinischen Versuch, um die institutionelle, therapeutische Operationalität der Klinik La Borde, wo er arbeitet, zu verbessern. Guattari schlägt ein Beziehungsverhältnis vor, das vertikale Unterordnungen (Ärzte *und* Krankenpfleger, oder Pflegekräfte *und* Patienten) sowie die damit verbundenen horizontalen Hierarchien ablehnt. Stattdessen regt er transversale Funktionsweisen an, die quer zu den geheiligten Hierarchien verlaufen, um sie alle auf derselben Ebene zu versammeln und jede beliebige Einheit mit jeder beliebigen anderen zu verbinden. Diese Konzeption einer nicht zentralisierten Organisation gilt für die Klinik genauso wie für politische Organisationen. Guattari unterscheidet zwischen „unterworfenen Gruppen" [*groupes assujettis*], die sich rigoros einer zentralen Richtung, einer Partei oder einem Anführer, unterordnen – hier handelt es sich um eine Kritik, die linke ebenso wie rechte Organisationen betrifft – und transversalen, selbstbestimmten und kollektiven „Subjektgruppen" [*groupes-sujets*], deren Subjektivität nicht von ihrer Spitze beschlagnahmt wird. Die Transversalität betrifft also einen Organisationsmodus, der nicht allein von einer vorgängigen, hierarchischen Baumstruktur dominiert wird: Sie verändert das Totalitätsregime. Dieser Begriff einer nicht-hierarchischen Organisation bedeutet einen epistemologischen Bruch mit jenen Theorien, die sich auf eine zeitlose Universalie stützen, die ihre individuellen Fälle unter sich subsumiert. Die Souveränität des Universellen, ihre Gültigkeit für alle Zeiten, weicht einer einzigartigen Logik, die mit ihren Experimentierbedingungen verbunden ist, wobei sich die Bedingungen nicht mehr auf der ideellen Ebene der Struktur ausdrücken. Dieser neue Begriff der Transversalität erneuert gänzlich das Verständnis von der Einheit des Kunstwerks.

In Bezug auf die Dramatisierung der Idee vollzieht sich die Kritik und Klinik noch auf der Ebene des Denkers; mit Guattari verschiebt sich der Akzent auf die Klinik (verstanden als Intervention) sowie zu einer pragmatischen Theorieauffassung (verstanden als Krise), mit der Absicht, unsere Existenzbedingungen zukunftsorientiert zu verändern und sie nicht einer zeitlosen oder unveränderlichen ewigen Struktur auszuliefern. Die Beziehungen zwischen Theorie und Praxis sind nicht länger solche zwischen gepaarten, durch einen kausalen Determinismus verbundenen Bereichen; vielmehr sind sie selbst transversal und verbinden verschiedene Theoriesegmente mit Praktiken, die nicht auf ein einziges, universelles Programm reduzierbar sind. Dem Regime des Logos und der organischen Totalität, das noch in der ersten Version von *Proust und die Zeichen* vorherrschte, fügt Deleuze 1970 einen Anti-Logos hinzu, ein Pflanzen-Pathos separater Teile, die nur auf transversale Weise kommunizieren, gemäß einer Philosophie des Fragments. Derart wandeln sich der Begriff der Essenz der ersten Version, ebenso wie der Status des Kunstwerks und der Literatur völlig. Die Essenz erscheint nicht mehr als harmonische Einheit von Zeichen und Sinn, sondern als fragmentarischer Blickpunkt – ein Blickpunkt, der nichts Individuelles mehr hat, nicht mehr an eine exemplarische Person (die Figur des Künstlers), eine herausragende symbolische Hauptfigur oder eine transzendente Bedeutung gekoppelt ist. Nehmen wir das Beispiel einer Zugfahrt, welches Deleuze gestattet, dieses neue transversale Verständnis einer nicht-einheitlichen Totalität zu formulieren: Der Zug „machte eine Wendung, [...] und ich war unglücklich, meinen rosa Lichtstreifen am Himmel aus den Augen verloren zu haben, als ich ihn von neuem, aber nun schon rot, im gegenüberliegenden Fenster bemerkte, wo er bei einer neuerlichen Wendung des Zuges wiederum verschwand; so verbrachte ich meine Zeit damit, von einer Seite zur anderen zu eilen, um die lückenhaft und in entgegengesetzter Sicht auftauchenden Teile meines schönen scharlachfarbenen, launenhaft flüchtigen Morgenhimmels mir zusammenzusetzen.“[18]

Zweifelsohne beruft sich Proust auf „ein fortlaufendes Bild“, aufgespannt durch den Spurt des Erzählers. Deleuze stellt jedoch fest, dass die Fragmente sich nicht aneinanderfügen, weder in der erblickten Sache noch auf der Seite des Erzählers, der im Gegenteil von einem Fenster zum anderen eilt, stets überrascht und mitgerissen von den diskontinuierlichen, unterbrochenen und verstreuten Fragmenten, zugeschnitten durch die Geschwindigkeit des Zuges, einer Maschine kaleidoskopischen Sehens.

[18] Proust, *Im Schatten junger Mädchenblüte*, S. 862.

Vor dem Hintergrund seiner Arbeit zu Simondon und Spinoza in *Differenz und Wiederholung* sowie *Logik des Sinns* verankert Deleuze diesen Blickpunkt weder in der Innerlichkeit des Künstlers noch in der Einheit einer Umwelt. Stattdessen bestimmt er einen Individuationsmodus, durch den die Individuation ebenso wie ihr Milieu hervorgehen und sich verändern. So präsentiert der Zug bei jeder Fortbewegung stets unterschiedliche kinetische Landschaften, eine neu zusammengesetzte Normandie, die Ethologie einer Affektkarte, welche den persischen Charme des Namens Balbec mit dem Anblick eines „schönen Mädchens", das an einer kleinen abgelegenen Station den schläfrigen Reisenden Milchkaffee anbietet, vermengt. Diese Affektkarte, die durch Individuation ohne Subjekte und präindividuelle Singularität verfährt, verweist nicht auf die persönliche Geschichte des kleinen Marcel, sondern vielmehr auf den Individuationsprozess des Schreibens selbst, auf den Stil, die materiellen Begegnungen der literarischen Zeichen.

An die Stelle einer zwingenden Interpretation tritt das Funktionieren einer anti-logischen textuellen Maschine, die durch Unterbrechung und Fragmentierung operiert: Guattaris Transversalität überlagert sich mit Blanchots Theorie des Fragments, der „das Verdienst zu[kommt], auf der Ebene literarischer Maschinen das Problem in seiner ganzen Schärfe gestellt zu haben".[19] Das Verhältnis der Beziehung vom Teil zum

[19] Gilles Deleuze u. Félix Guattari, *Anti-Ödipus. Kapitalismus und Schizophrenie I*, Frankfurt a.M.: Suhrkamp 1977, S. 53.

Ganzen hat sich geändert. Dieses neue Verständnis von Totalität durchquert alle Einheitsauffassungen: diejenige des literarischen Werks ebenso wie diejenige der individuellen Identität oder persönlichen Kohärenz. Es ist der Begriff der Vielheit [*multiplicité*], der hier das Regime ergreift.

Der Begriff der Vielheit, den Deleuze in *Bergson zur Einführung* und in *Differenz und Wiederholung* ausarbeitet, vermittelt eine neue Kraft pragmatischen und politischen Einflusses, die auf transversale Weise zentralisierte Organisationsformen, hierarchisch organisierte Souveränität, leitende Vollzugsorgane, institutionalisierte Normalisierung, aber auch die Rolle des Universellen oder die vereinheitlichende, zeitlose Bedingungsstruktur der Erfahrung, wodurch der Erfahrung ihre Einheit qua Allgemeinheit verliehen wird, durchkreuzt. Das Fragment setzt jeglichen Vorrang der Einheit oder des Identitären aus: Weder in allgemeiner Hinsicht, indem es etwa eine ursprüngliche Einheit wiederherstellte, noch in spezifischer Hinsicht, indem es auf eine implizite abwesende Totalität abzielte, verweist es auf das Eine oder das Universelle. Es wirkt stattdessen auf transversale Weise durch seine Fragmentierungs- und Separierungskraft. Wollte man das Fragment unter der Herrschaft des Einen begreifen, führte dies zu einer platonischen Auffassung des Symbols; der Aufruf zum Fragment endete in der Wiederherstellung einer ursprünglichen, abwesenden Einheit, wie etwa in der Theorie der Liebe, des Begehrens und der Sexualität, die sich auf die Reproduktion einer verlorenen Einheit ausrichtet.

Das neue Verständnis des Fragments hingegen mündet in eine Theorie des Werdens, welche sich sowohl auf die Nachahmung in der Kunst als auch auf Formen vitaler, sozialer oder mentaler Reproduktion auswirkt. Anhand eines Textfragments bei Proust, in dem er die homosexuelle Liebschaft zwischen Charlus und Jupien beschreibt und welches mit dem Textfragment zur Befruchtung zwischen Wespe und Orchidee in Beziehung tritt, bestimmt sich diese neue Konzeption einer symbiotischen Begegnung. Dieses originelle Modell der Symbiose bedient sich einer spinozistischen Ethologie, welche Proust mit der Genauigkeit eines Insektenforschers einsetzt, um die Affekte seiner Charaktere, ihre Schnelligkeiten und Langsamkeiten, ihre Variationen und sexuellen Mutationen zu erklären. Hier verbirgt sich eine gänzlich neuartige Theorie der Individuation: Sie operiert weder aufgrund des Art- und Gattungsunterschieds noch aufgrund eines gesellschaftlichen Standards des Normalen, sondern drückt sich tatsächlich durch Affektkarten aus, welche die Charaktere transformieren. Charlus oder Jupien, ebenso wie Saint-Loup oder Gilberte werden allmählich mitgerissen von einem homosexuellen Werden, das sie in einen stets rascher sich drehenden Wirbel von Transformationen stürzt: Der Baron de Charlus wandelt sich von einer Hummel in eine alternde Herzogin; Albertine von einer Traube junger Mädchen in eine Gefangene, eine Verschollene, von einer eroberten Liebe in einen jungen, unbekannten Verführer. Derart ahmen die literarischen Personen (ebenso wie die Begriffspersonen) nicht länger gegebene Personen, gesellschaftlich bestimmte Individuen nach; sie verweisen auch nicht auf den Erzähler oder Autor: Sie erforschen hingegen in der Konstitution begriffene Individuationen, Subjektivierungsmodi im Formungsprozess. Emmanuel Levinas bemerkte dazu mit leichtem Widerwillen, dass sich bei Proust die Seele „umkehrt“ in ein „Außerhalb des Gesetzes“: Zwischen den Charakteren entwickeln sich somit die ungestümsten Beziehungen, basierend auf einer „Umkehrung“ [*inversion*] – ein Begriff zur Bezeichnung von Homosexualität typisch für die Zeit, in der Proust lebte.[20] Es handelt sich hier jedoch weder um Moral noch um das Eintreten für eine marginale Sexualität (verkehrter Moralismus), sondern darum, von der Erforschung unserer wandelbaren Begehren durch vorgefertigte Kategorien abzulassen und stattdessen aus der Literatur eine wahrhafte Maschine zur Erforschung unserer unbewussten Begehren zu machen.

Im Sinne dieser Theorie der Produktion (und nicht der Reproduktion) verändert sich die Tierserie (Wespe), „eingefangen“ durch die Pflanzenserie (Orchidee), indem sie nunmehr die Funktion eines externen Reproduktionsorgans annimmt. Dieses Fallbeispiel der Ethologie führt also zu einer Logik der Symbiose, wonach Insekten und Pflanzen in eine gegenseitige Wechselbeziehung treten – was in der Biologie in etwa als eine Artenreproduktion durch die aleatorische Begegnung von vollkommen verschiedenen Arten

[20] Vgl. Emmanuel Lévinas, „Der Andere bei Proust“, in: ders., *Eigennamen. Mediationen über Sprache und Literatur*, München: Carl Hanser 1988, S. 93–100.

beschrieben wird. Während das in die Literatur und Kunsttheorie unter dem Deckmantel der Naturnachahmung eingeführte Modell der Reproduktion einer Theorie der Begegnung und des Werdens weicht, so besteht die ökologische Funktion der Literatur nunmehr darin, diese höchst unterschiedlichen vitalen Verhaltensweisen einzufangen. Die Literatur ortet und untersucht unsere wirklichen Individuationsmodi. Proust begründet sozusagen die *gender studies*, denn anstatt die Normierung sexueller Identitäten zu bestätigen, beschreibt er die Verführungsweisen von *n* Geschlechtern, den *weiblichen* Teil eines Mannes, der in Resonanz mit dem *männlichen* Teil der Frau tritt, und andere gleichermaßen komplexe Variationen zu *n* Geschlechtern. In der Tat handelt es sich hier um eine Konzeption der Sexualität und des unbewussten Begehrens, die diejenige einer molaren (sozialen, statistischen und individuierten) Sexualität zugunsten einer molekularen Sexualität verschiebt: Indifferent gegenüber Geschlechternormierungen und auf wirklich transversale Weise operiert sie auf einer Affektebene des Einfangens [*capture*] – und nicht auf einer Ebene gesellschaftlich konstituierter Identitäten, noch derjenigen biologischer, vermeintlich „natürlicher" Geschlechter. Auf diese Weise öffnet sich die Sexualität zu einer Ökologie der Symbiose, die auf das Einfangen heterogener Fragmente hinausläuft, und kümmert sich nicht um die Abschottung von Individuen, die als geschlossene Einheit oder Identität begriffen werden. Die Theorie des Fragments beinhaltet eine gewisse Aufmerksamkeit für das Einfangen, das zwischen heterogenen Serien auftritt, so wie in dem exemplarischen Fall zwischen Wespe und Orchidee: Hier ereignet sich eine Verschiebung von der organischen Einheit hin zu einer Pflanzensymbiose, von der vorherrschenden Sexualität hin zu einer verworrenen Homosexualität, die Proust anhand von Zeichen entziffert – aufgrund dessen erweist sich die *Recherche* als eine wahrhafte Ethik oder Physik der Homosexualität. In Frankreich in den 1970er Jahren entsteht eine politische Gruppierung, die FHAR, die entschlossen Rechte für eine minderheitliche Sexualität einfordert.[21] Vor dem Hintergrund dieser politischen ebenso wie sexuellen Dimension operiert die Literatur als eine Erforschung sexueller und psychischer Ränder, als ein politisches Experimentieren in Bezug auf Subjektivierungsweisen, die sich erst durch literarisches Experimentieren näher bestimmen. Hiermit endet jegliche Unterordnung der Literatur unter herrschende (linguistische oder psychoanalytische) Modelle bedeutungstragender Struktur; desgleichen hört der Unsinn auf, der Literatur als inhärenten Zweck die Aufklärung über ihr eigenes Wesen zuzuschreiben. Die literarische Maschine produziert neue Arten gesellschaftlichen Experimentierens.

[21] Die FHAR (*Front homosexuel d'action révolutionnaire*) wurde im Jahr 1971 von Françoise D'Eaubonne gegründet. Siehe auch die folgende von Guy Hocquenghem und Anne Querrien herausgegebene Ausgabe der Zeitschrift *Recherches* (eines Publikationsorgans, das auf die Initiative von Félix Guattari zurückgeht): *Recherches* 12 „Trois milliards de pervers – Grande Encyclopédie des Homosexualités" (März 1973), http://www.editions-recherches.com/revue3.php (zuletzt aufgerufen am 10.3.2019). [Ein Beitrag Christian Maurels zur Sonderausgabe der *Recherches* wird in deutscher Übersetzung in dem Band *Für den Arsch* (Berlin: August 2019) erscheinen. A.d.Ü.]

Aus diesen Gründen dient Proust in *Anti-Ödipus* ebenso wie in *Tausend Plateaus* als Vermittler für ein neues Verständnis menschlicher Individuation und bewusster sowie unbewusster sozialer Subjektivierungsweisen. Anstatt Proust und Kafka unschädlich zu machen, indem man sie auf ein imaginäres oder symbolisches Ödipus-Schema verpflichtet, interessieren sich Deleuze und Guattari für ihre literarischen Maschinen, auf die von ihnen produzierten Existenzmodi. Am Beispiel der Wespe und der Orchidee zeigt sich, dass die gegenüber etablierten Verhältnissen gleichgültigen Wunschmaschinen eine schizoide Position einnehmen: Durch eine Lachsalve bringen sie die Verhältnisse zwischen Begehren, Gesetz und Überschreitung zu Fall. Deleuze bezeichnet diese schizoide Unschuld, im Unterschied zur offenbar depressiven Schuldhaftigkeit, als „pflanzlich", um dadurch den Abstand zu jeglichem Organismusmodell – fokussiert auf eine angeblich einheitliche Organisation und vorausgesetzte Identität – deutlich zu machen. Es versteht sich von selbst, dass in dieser Optik die tierische (oder menschliche) Sexualität, ebenso wenig wie die pflanzliche, nicht auf sich selbst zentriert ist, sondern symbiotisch als ökologisches Werden und Allianz verstanden werden muss. Dies verlangt ein neues Verständnis des Körpers sowie des Unbewussten. Von daher erklärt sich die Theorie des „organlosen Körpers": Sie schlägt eine transversale Konzeption der körperlichen Erfahrungsweise vor und ist nicht länger auf eine geschlossene, hierarchische Organisation einheitlicher Organe ausgerichtet. Von daher kommt auch die „schizoanalytische" Konzeption des Unbewussten als Wunschmaschine oder kollektives Äußerungsgefüge: Gegen die Psychoanalyse erhebt sie den Vorwurf, das Unbewusste als eine allgemeine Natur des Menschen zu begreifen; der Ödipuskomplex ist jedoch an die bürgerliche, europäische Familie gebunden, die einen historisch bestimmten Fall politischer Formung des Unbewussten darstellt. Das Unbewusste steht qua Produktion mit dem Politischen und dem Sozialen in Verbindung, und nicht qua Repräsentation der persönlichen Elternfiguren, die als unhistorisch vorausgesetzt werden (Freud). Ebenso wenig ist es strukturiert durch unveränderliche Matheme des Symbolischen (Lacan).

Der Begriff des Individuums selbst öffnet sich für eine modale Auffassung der symbiotischen Begegnung. Nicht nur Menschen treten in Austausch mit Bakterien und anderen Lebewesen, durch die sie transformiert werden – genau so wie sie diese transformieren, sondern jede Form der Sexualität ist eine Begegnung des Typs Flechte, eine Allianz und nicht eine Reproduktion. Alle menschlichen Kulturen hybridisieren sich durch Begegnungen, was sich begrifflich fassen lässt als Tier-Werden, Pflanze-Werden, Mineral-Werden (zum Beispiel der Verbund mit Silizium, der unsere heutige digitale, globale Kultur auszeichnet).

Diese pflanzliche Unschuld ist nach Deleuze gewagter und stimulierender als die depressive Schuldhaftigkeit und das zentrierte Organismusmodell. Sie transformiert auch das neue Bild des Denkens, welches in der Konklusion der ersten Ausgabe von *Proust und die Zeichen* angesprochen wird: Durch die Kraft des Anti-Logos geraten die geschlossenen Systeme aus den Fugen; die Logik einer zentrierten, organischen Totalität verschiebt sich zugunsten eines pflanzlichen Rhizoms; es entstehen heterogene Verbindungen und asignifikante Brüche.

Diese neue Konzeption der disjunktiven Synthese, beruhend auf Kommunikation und Resonanzen zwischen unterschiedlichen Serien, erhält im Jahr 1976 den pflanzlichen Ausdruck „Rhizom", der 1980 den Titel zum Einführungskapitel von *Tausend Plateaus* abgibt. Es handelt sich nicht darum, Differenzen im Identischen zu verschmelzen (symbolische oder dialektische Konzeption der Differenz), und auch nicht darum, die Verbindung als eine die Unterschiede vereinigende Verknüpfung zu verstehen: Vielmehr muss sie als reale Produktion neuer Differenzen aufgefasst werden.

Die Prinzipien des Rhizoms begründen eine praktische Theorie von Vielheiten, die Gültigkeit hat für eine Theorie des Schreibens, der philosophischen und literarischen Produktion, symbiotischer Zeichengefüge ebenso wie für eine Systemtheorie. Ein jedes System, gekennzeichnet durch Unterbrechung und Fragmentierung, funktioniert durch Verbindung und Heterogenität und produziert Vielheiten durch „asignifikante Brüche": Falls es nämlich durch signifikante Brüche operierte, würden die in Beziehung gebrachten heterogenen Serien prä-existierende Einheiten bilden, die bloß gemäß formeller Verfahren oder objekthafter, gegebener Einheiten zerteilt würden. Aufgrund der

Dynamik des Rhizoms muss sich die literarische Kritik nicht länger als ein blindwütiges Nachzeichnen im Werk vorhandener und eingeschlossener Objektivitäten begreifen – als ob die Kritik das Werk in Übereinstimmung mit dem Sachverhalt mittels einer transparenten idealen Folie verdoppeln müsste. Die Kritik versteht sich als Kartographie.

Die Stelle, an der die Kritik einsteigt, ist nicht gleichgültig, insofern sie relevant für den vorliegenden Fall der Lektüre ist. Mit anderen Worten, der kritische Einstieg ist nicht gleichgültig, sondern aleatorisch. Transversalität geht also über eine einfache Infragestellung der hierarchischen Werkstruktur hinaus. In dem Übergang von der schönen Totalität zum zersplitterten Fragment versteckt sich eine pragmatische Theorie der Lektüre: Deleuze und Guattari erbringen davon den praktischen Nachweis mit der ersten Seite ihres *Kafka*-Buches. Der Einstieg ins Werk ist unvollendet [*fragmentaire*]: Die Kritik wählt notwendigerweise irgendeinen Einstiegspunkt in das Werk, von dem aus sie einen Weg durch das Werk bestimmt. Beliebig, nicht vorherbestimmt ist also der Einstiegspunkt der Kritik. „Also steigen wir einfach irgendwo ein, kein Einstieg ist besser als ein anderer, keiner hat Vorrang",[22] weil es keine Totalität mehr gibt, welche die Teile hierarchisch festlegen würde. Der Einstieg steht, „wie man hoffen kann, in Verbindung mit anderen Punkten, zu denen man später gelangt".[23] Anstelle

[22] Deleuze u. Guattari, *Kafka*, S. 7.

[23] Ebd.

eines privilegierten Einstiegs nunmehr ein kinetischer Einstieg: „Wir müssen nur darauf achten, wohin er uns führt, über welche Verzweigungen und durch welche Gänge wir von einem Punkt zum nächsten gelangen, wie die Karte des Rhizoms aussieht und wie sie sich ändert, sobald man anderswo einsteigt."[24] Das Werk, das einen Einstieg verlangt, produziert einen Effekt. In diesem Sinne „läuft" die Maschine, deren Funktionieren sich *in den Dingen* abspielt statt auf einer metadiskursiven Strukturebene und deren Sinn allein „vom Funktionieren abhängt".[25] Der Einstieg ist notwendigerweise unvollendet, denn er markiert ein Lektüreverfahren, das als wirksamer Eingriff operiert: Es richtet eine bewohnbare Zone ein, welche einen Raum zur Zirkulation und ein nutritives Netzwerk, ebenso wie ein beliebig sich verzweigendes Gänge-System mit neuen Wegstrecken umfasst. „Die neue sprachliche Konvention, die formale Struktur des Werkes ist also die Transversalität."[26]

Diese Konzeption des offenen Systems macht Anleihen bei Marx ebenso wie bei Varela, bei Prigogine und Stengers ebenso wie bei Daniel Stern; sie hat methodologische ebenso wie semiotische Gültigkeit und gibt Aufschluss über konstruierte semiotische Produktionen (Zeichen der Kunst, soziale Ritornelle) ebenso wie nicht-menschliche Produktionen von Zeichen. Das auf diese fragmentarische Art rekonfigurierte Feld der Erfahrung ist konstituiert durch semiotische Büschel

[24] Ebd.

[25] Deleuze, *Proust und die Zeichen*, S. 117.

[26] Ebd., S. 134.

und verschiedenartige Ethologien; es vervielfältigt sich in Territorien der Experimentation – in dem Sinne, in dem Deleuze und Guattari Territorium verstehen: nämlich als Akt der Deterritorialisierung und nicht im Sinne eines bereits gegebenen Feldes.

Zeichenregime und ökologische Ritornelle

Die rhizomatische Auffassung verhindert von nun an innerhalb eines Zeichenregimes die Separierung sogenannter natürlicher von künstlich geschaffenen Indizes. Fernerhin verschmäht sie eine in Reiche hierarchisch gegliederte Ontologie, welche unbelebte Minerale von lebendigen Organismen oder menschlichen Kulturen abspaltet. Das Rhizom trägt Früchte vor allem in Bezug auf die Explikation von Zeichen: Es markiert den Verzicht auf einen Vorrang der Linguistik, der Interpretation von Zeichen, reduziert auf ihre logische, imaginäre oder symbolische, in jedem Fall rein menschliche Bedeutung. Sämtliche Zeichen bilden sich auf rhizomatische Weise, durch eine transversale pragmatische Operation, die heterogene Zeichenbüschel arrangiert, materielle Zeichen, biologische, unbewusste und soziale Codes trennt und mit teilweise aber nicht gänzlich unbewussten Subjektivierungsweisen verbindet. Dergestalt öffnen sich die Semiotiken auf eine politische Philosophie und eine Klinik sozialer Gefüge [*agencements*], besonders kapitalistischer Ritornelle.

Vor diesem Hintergrund erhalten die vier im Jahr 1964 von Deleuze aufgestellten Welten ein anderes Aussehen: Sie sind durch keine Totalisierung vereinheitlicht; sie entstehen durch den Zufall der Begegnung, in Abhängigkeit von der Affektkarte des Erzählers und nicht aufgrund irgendeiner Allgemeinheit. Weit entfernt von einer einheitlichen symbolischen Algebra, die Signifikation durch die Abgeschlossenheit eines homogenen Systems erzeugt – einem linguistischen Stil, einer bedeutungstragenden Struktur des Unbewussten, der Soziologie einer Klasse –, verteilen sich die Zeichen in unterschiedliche ökologische Blasen, deren Systemhaftigkeit und folglich relative Einheit keineswegs die Vielfalt verhindert. Sie entwickeln im Gegenteil ihre systematischen Gefüge in Form von Differenzen. Gemäß der Beschreibung von Deleuze und Guattari handelt es sich um „Zeichenregime" – unstimmige, diätetische sowie politische, ethologische Systeme, die eine bunt gemischte Szenografie von körperlichen Zeichen, Rötungen, Körnungen der Hautstruktur, sozialen Markierungen, Empfindungen und psychischen Szenerien implizieren, die die sprachliche oder bedeutungstragende Diskursivität mit nichtdiskursiven, materiellen, sozialen, physiologischen Codierungen verbinden, und die die Zeichensysteme auf ihre assoziierten Umwelten hin öffnen.

Die Zeichen agieren hier auf einer rhizomatischen Ebene und beschränken sich nicht auf den Bereich mentaler Bedeutungen, noch auf die abstrakte Struktur ihres Formalismus: Stattdessen ereignen sie sich als materielle und konkrete Emissionen, in ihrem

Milieu verortete Individuationen, facettenreiche Kränze von Signaturen, territorialisierende und sinnlich erfahrbare Markierungen. Sie bilden sich durch Ritornelle [*ritournelles*]; ethologische Karten von Indizes; Schilder und Plakate, welche die gegenwärtigen physisch-chemischen und politischen Regime des Zusammentreffens von Körpern übersetzen; Affektkränze, die Existenzmodi darstellen; Individuationskräfte und nicht konstituierte Individuen. So beschaffene Welten sind nicht im Vorhinein gegeben als Teil unserer Erfahrung: Sie müssen durch Deterritorialisierung konstruiert werden, durch Herausreißen aus den Umgebungsmilieus sozialer, amouröser oder künstlerischer Ritornelle, durch Auswahl funktioneller Qualitäten, wodurch sie in eine Signatur überführt werden. So resultiert die Aneignung von Zeichen als territoriale Markierungen – von der Homosexualität bis zum Snobismus, von dem Begehren bis zur Kunst – aus einer derartigen Transformation, einem Konstitutionsakt neuer Ausdrucksterritorien. Auf diese Weise analysiert Guattari in *L'Inconscient machinique* (veröffentlicht ein Jahr vor *Tausend Plateaus*) die Proust'schen Ritornelle.

Die Konzeption dieser durch Ritornelle stabilisierten Individuationsprozesse fließt auch in die elegante Theorie der Individuation als Haecceïtas mit ein – eine Theorie, die Deleuze durch die Verknüpfung von Spinoza und Simondon mit Guattaris Semiotiken erarbeitet und zusammen mit Guattari in *Tausend Plateaus* eben an dem Beispiel von Proust wieder aufgreift. Worin bestehen also die literarischen Figuren? „Proust zumindest hat ein für alle Mal gezeigt, daß ihre kollektive oder singuläre Individuation nicht durch Subjektivität geschieht, sondern durch Haecceïtas, durch reine Haecceïtas."[27] Gemäß Spinozas Behauptung ist Bewegung keineswegs das Gegenteil von Ruhe. Unter dieser Voraussetzung besteht ein Individuum aus Bewegungen und relativer Ruhe, das heißt, aus Geschwindigkeiten und Langsamkeiten, einem Längengrad bzw. einer symbiotischen Konstellation von Kräfteverhältnissen, die gleichfalls auch als Breitengrad im Sinne einer intensiven Variation der Kräfte oszillieren. Die Kunst arrangiert derartige Haecceïtates auf einer Ebene, die niemals bloß menschlich ist, sondern das Umweltliche mit dem Mentalen und Sozialen verbindet – so muss Guattaris Definition der Ökologie verstanden werden. Denn die molaren Romanfiguren, die sich unterschiedlich in ihren Welten verteilen (Albertine oder Charlus, Vinteuil oder die Guermantes), verkehren querbeet durch diese ethologischen Blasen und realisieren ihre Haecceïtas bei der Durchquerung unterschiedlicher Milieus immer wieder neu. Es handelt sich hierbei nicht um eine Figur, die ihre Identität in einer bereits konstituierten Welt spazieren führte, sondern um ein Einfangen von Welt, das durch Ritornelle zu unterschiedlichen Individuationen fortschreitet. Eine Individuation bildet sich somit als Ergebnis einer rhythmischen Gestalt, als Funktion eines mit Redundanzen und Transformationen vermischten

[27] Gilles Deleuze u. Félix Guattari, *Tausend Plateaus. Kapitalismus und Schizophrenie II*, Berlin: Merve 2005, S. 369. [Übersetzung geändert, A.d.Ü.]

Ritornells. Als Deleuze sich im Jahr 1973 wieder mit Proust befasst – ein Jahr nach dem Erscheinen des *Anti-Ödipus* und in Antizipation der dritten Version von *Proust und die Zeichen*, die im Jahr 1976 erscheint – ist dies der Grund, weshalb er mit jeglicher personalistischen Konzeption einer Figur des Erzählers oder des Romanhelden bricht. „Es gibt weniger einen Erzähler als eine Maschine der Recherche, und weniger einen Helden als Einstellungen, nach denen die Maschine in dieser oder jener Konfiguration funktioniert [...]. In Wahrheit ist der Erzähler ein gewaltiger Körper ohne Organe",[28] mit anderen Worten, eine intensive Verteilung von Verbindungen, die Unterschiede produzieren, ein ethologisches Einfangen von Affekten, die ohne die Konstruktion eines solchen sinnlichen Gewebes unwahrnehmbar wären.

Kunst ahmt nicht natürliche Personen nach, und diese verschiedenen Welten, sei es gesellschaftlicher Snobismus, Liebe und Begehren, sinnliche Empfindungen oder auch konstruierte Zeichen der Kunst, ordnen sich nicht gemäß einer hierarchischen Fortentwicklung an. Vielmehr sind es die rhythmischen Weisen, die in der Form von Haecceïtates diese Empfindungswesen konstituieren. Die sinnlichen Zeichen nehmen plötzlich eine flüchtige, materielle Konsistenz an – der Schaum der Milch, die Glockenschläge, ein geschälter Spargel – und bringen diese vibrierenden Haecceïtates, eingekapselt in die „Ringe eines schönen

[28] Deleuze, *Proust und die Zeichen*, S. 144.

Stiles",[29] hervor. Natürlich wären sie nicht wahrnehmbar ohne die Intervention der Zeichen der Kunst, welche die semiotischen Ritornelle, von denen die Figuren affiziert werden, aufspürt und sinnlich wahrnehmbar macht. Somit stellt die Literatur direkt eine Verbindung mit der Politik her, ebenso wie die Philosophie durch Diagnostik und Konstruktion von Begriffen zwar nicht eine allgemeingültige Erfahrung, aber eine immanente und singuläre Erfahrung erstellt. Ebendiese Erfahrung verwandeln wir zur selben Zeit, da wir sie konstituieren: so etwa das Problem unserer aktuellen Existenz, ein Problem, das wir heute zu lösen haben, das nicht im Voraus existiert und das ebenso wenig durch die Wiederholung des Systems der Sitten und Gebräuche zur Verfügung steht.

Ein ökologischer Formalismus schließt die Literatur an ihr Erfindungsvermögen an, an ihre Fähigkeit, herkömmliche gesellschaftliche Welten zu verändern. Er befreit sie von jeglicher Unterordnung unter einen ursprünglichen Sinn, selbst auf der Ebene der Alltagssprache. Dadurch werden die Verhältnisse von Realität und Fiktion verschoben. Denn die Literatur kann sich nicht länger auf die verschwitzte Innerlichkeit eines imaginären Vergnügens beschränken, wenn sie auf ökologische Weise Individuationen hervorbringen soll, indem sie umweltliche, gesellschaftliche und mentale Zeichen, welche neue Individuationsmilieus erzeugen, verbindet. Eine Literaturgeschichte aus die-

[29] Proust, *Die wiedergefundene Zeit*. Vgl. Deleuze, *Proust und die Zeichen*, S. 41, S. 42, S. 92.

sem Blickwinkel, die sich für eine ethologische Studie dieser diversen Umwelten interessiert, muss noch konstruiert werden. Balzacs Individuationen, zum Beispiel, geben sorgfältig die Liste aller modischen Zubehöre an, von dem lackierten Spazierstock bis zur Zahl der Knöpfe; der Kleiderstoff weist auf seine Herstellung, seinen Kaufpreis und seinen sozialen Wert hin. So wird ein Netz genealogischer Verwandtschafts- und Zugehörigkeitsbeziehungen entfaltet, die eine Figur aus der Totalität ihrer Besitzstände nach einer bürgerlichen, theatralischen Logik zusammensetzt. Ganz anders die beweglichen, larvenartigen und reduzierten Individuationen Becketts: Sie informieren ökologisch unterschiedliche Typen von Figuren, wenngleich diese auch vollständig und bestimmt sind und verschiedene Ritornelle bilden. Die Figuren zeichnen sich wie ein Signalnebel auf den Radaren oder anderen speziellen Detektionsbildschirmen ab. Und diese Mischung aus Körperhaltungen und Mimiken, Schnabelklappern und bunten Signalleuchten verweist nicht auf das Imaginäre eines Autors, dem ein besonderer Stil zu eigen ist, noch auf ein symbolisches Vermögen zur Bedeutungscodierung dieser verstreuten Elemente. Es gibt keinen Übergang von einem eigentlichen Sinn zu einem übertragenen, symbolischen oder imaginären Sinn – stattdessen eine Folge von Deterritorialisierungen, die Zusammenstellung pluraler Welten, neuer sozialer und durchaus realer Ökologien. Metaphern und literarische Figuren, anstatt als dichterische Freiheit zu gelten, bewirken Metamorphosen vermeintlich konstanter Territorien, wobei die

Wörter – durch eine intensive Transformation ihres Metabolismus – als Träger derselben auftreten. Unnütz unter diesen Bedingungen, linguistische oder stilistische Hierarchien aufzustellen, im Sinne von einem gemeinen und gehobenen Sprachgebrauch! Unnütz auch ein Meisterwerk als geniale Ausnahme eines großen, zumeist männlichen Autors, patentierter Eigentümer eines exquisiten Idiolekts, zu feiern! Das hindert uns nun keineswegs daran, unsere Neigungen und Vorlieben zu bejahen: jedoch im Rahmen einer Affektkarte, aufgrund derer eine Begegnung uns transformiert. Nicht aber unter Berufung auf ein Verzeichnis kultureller Standards und Verbindlichkeiten, welches vorhandene Werke nach einer vermeintlich unveränderlichen Hierarchie anordnet. Dieser lebhafte Schock, den ein von uns als Meisterwerk bezeichnetes Buch hervorruft, ist nicht im Vorhinein durch seine außerordentliche Bedeutung festgelegt, sondern beruht auf seiner Unbestimmtheitskraft. Diese letztere kann nicht in Form einer internen Axiomatik festgelegt werden, denn die Äußerungsbedingungen, die sie definiert, gehen den grammatischen, sozialen und mentalen Bedingungen voraus. Aus diesem Grund versichert Proust, dass „die guten Bücher in einer Art Fremdsprache geschrieben sind".[30]

[30] Marcel Proust, *Gegen Sainte-Beuve*, Frankfurt a.M.: Suhrkamp 1997, S. 222. [Dieses Zitat von Proust dient Deleuze als Motto für die Essaysammlung *Kritik und Klinik*. A.d.Ü.]

BESETZEN, OHNE ZU ZÄHLEN DELEUZE, GUATTARI UND DIE MUSIK

Die Beschäftigung mit dem Einfluss der Musik auf Deleuze erlaubt es mir, auf die Aspekte seiner Philosophie zu sprechen zu kommen, die mich am meisten faszinieren: einen im Werden begriffenen Formalismus, die Konzeption eines offenen Systems, welche keineswegs auf formale Konsistenz verzichtet, sondern diese als Operationalität denkt, nicht als universelle Form. Diese Neufassung des Formalen durch die Komponente des Werdens geht Hand in Hand mit der eindrucksvollen Theorie der Individuation als Haecceïtas: Die Aktualisierung einer beliebigen Entität vollzieht sich nicht mehr durch den Bezug auf ein vorhergehendes, transzendentes Identitätsprinzip, eine abstrakte Form (Subjekt, Seele, Organ oder Ton), sondern ihre vorläufige, sich ständig wandelnde Identität entsteht durch Transformation. Dies gilt sowohl für Klangindividuationen wie für Form-Individuationen – nicht etwa weil das Psychische und das Physische sich ähnelten, sondern weil wir aufgehört haben, uns um überholte Gegensätze zu kümmern, welche inzwischen eher das Denken blockieren als eine Funktion erfüllen, denn sie unterteilen die reale Erfahrung in einen objektiven und einen subjektiven, einen physischen und einen psychologischen, einen akustischen und einen erlebten Bereich. Diese Kunstfiguren der Unterteilung in Wesen-Erscheinung, Geist-Materie oder Subjekt-Objekt entsprechen den Denkmustern des 17. und 18. Jahrhunderts; heute sind sie nutzlos, obwohl sie noch immer die Kunstdiskurse (die Diskurse, nicht die Produktionen) kontaminieren. Guattaris und Deleuzes Losung – „Experimentiert, und interpretiert nicht!" – soll genau diese Aufspaltungen bekämpfen, und die musikalischen Experimente sind in diesem Zusammenhang von besonderer Bedeutung.

Zu Beginn seines Schaffens behandelt Deleuze die Musik kaum, obgleich er das Thema in äußerst feinfühligen Momenten der Konstitution seines Systems streift: insbesondere in *Differenz und Wiederholung*, ein Titel, der bereits musikalisch klingt, obgleich Deleuze seine Überlegungen nicht spezifisch auf das Musikalische bezieht. In seiner großartigen Zusammenarbeit mit Guattari, selbst ein überzeugter Amateur-Musiker, wird das Thema unmittelbar angegangen: Die Musik wird zum inneren Antrieb in *Anti-Ödipus* (1972) und vor allem in *Tausend Plateaus* (1980). Dieser Kurvenverlauf – von dem intensiven, aber begrenzten Vorkommen einschließlich *Differenz und Wiederholung* bis zu einer wahrhaften Explosion des musikalischen Themas – verweist auf eine Mutation, die ich anhand von zwei kurzen Texten, ausgewählt als Einschnitt und Einstieg in das Ganze, aufzeigen werde. Die Texte „Kräfte hörbar machen, die durch sich selbst nicht hörbar sind", ein Vortrag gehalten auf einer Tagung am IRCAM am Pariser Centre Pompidou im Jahre 1978,[1] und „Den Zeit-Raum ausfüllen, ohne zu zählen: Boulez, Proust

[1] Die überarbeitete Fassung ist erschienen in Gilles Deleuze, *Schizophrenie und Gesellschaft. Texte und Gespräche von 1975 bis 1995*, Frankfurt a.M.: Suhrkamp 2005, S. 148–152.

und die Zeit“ (1986)[2] umschließen zeitlich genau das Erscheinen von *Tausend Plateaus*. Nicht zufällig weisen beide Spuren der freundschaftlichen Begegnung mit Pierre Boulez auf: Dessen Begriffe des glatten und gekerbten Raumes inspirieren die Konzeptionen der Zeit-Raum-Blöcke und der glatten und gekerbten Vielheiten, welche das abschließende Kapitel von *Tausend Plateaus* erörtert, wobei es die musikalischen Bezüge präzisiert. Ein zusätzliches Motiv, sich für das Thema Musik bei Deleuze zu interessieren, ist dabei die Konzeption der Vielheiten, welche den Status von Raum und Zeit verändert und ein für allemal die Vorrangstellung der Zeit gegenüber dem Raum – wie es noch bei den drei Zeitsynthesen in *Differenz und Wiederholung* der Fall zu sein scheint – zurückweist. Und schließlich erlaubt sie es, sich gegen verheerende Interpretationen zu wappnen, die das Virtuelle in eine außerzeitliche, unhistorische Ewigkeit einfrieren und es in eine Transzendenz versetzen, welche Deleuzes gesamte Philosophie zu bekämpfen sucht.

Der Ausbruch des Musikalischen

Dieser Ausbruch des Musikalischen entspricht einem dreifachen Bruch, Schnitt oder einer System*krise*, welche keineswegs unterschiedliche, undurchlässige und übereinander geschichtete Ebenen bestimmt, sondern eher Permutationszonen, die ich aus Bequemlichkeit

[2] Ebd., S. 278–285.

unterscheide, aber die miteinander auf transversale Weise ihre Wirkung entfalten. Alle drei betreffen Vielheiten, die sich sowohl auf der Ebene des Systems geltend machen (bezüglich des Status des Formalen und des Bezugs zwischen Theorie und Praxis), als auch eine Metaphysik fließender Zeiten und pluraler Räume einleiten. Diese beiden Aspekte werden noch einmal durchgespielt am Beispiel des Musikalischen, das hier als ein Zusammentreffen [*rencontre*] auftritt.

Die erste Neuerung betrifft die Formalisierung und den Begriff des offenen Systems. Nicht zufällig stellt der einführende Text in *Tausend Plateaus*, „Einleitung: Rhizom", der genau das Thema des Systems behandelt, in der Ausgabe von 1980 die Abbildung einer Partitur von Bussotti voran. Kaum kommentiert, zählt sie als Beispiel eines offenen Systems (eines „Rhizoms"). Zweifellos ist diese musikalische Invasion nur visuell und nicht hörbar, aber sie stellt keine Illustration dar, noch ist sie eine Reduktion des Musikalischen auf die Schrift, noch viel weniger eine Reduktion der musikalischen Notation auf eine grammatische oder logische Syntax – Verfahren, welche Deleuze und Guattari absolut ablehnen, einschließlich übrigens in Bezug auf die Sprache selbst. Die musikalische Schrift ist in ihrer nicht-diskursiven Eigenheit wohl Schrift – sozusagen ein Gra*phon*, nicht ein Graphem. Dennoch kann sie nicht reduziert werden auf eine Syntax linguistischen Typs, vorausgesetzt wir verstehen darunter ein homogenes, geschlossenes System, dessen kleinste Einheiten auf einer doppelten, lautlichen und bezeichnenden, Verbindung basieren. Diese rätselhafte Partitur von Bussotti – empirisches Fragment, das dem Text visuell hinzugefügt ist – verräumlicht sicherlich die musikalische Darbietung durch die Erfindung eines graphischen Codes, aber sie fungiert als musikalische Experimentation, als Diagramm des Virtuellen/Aktuellen, das zugleich die Mittel der Verschriftlichung erfindet und diesen gra*phonischen* Versuch in ein offenes Aufführungsprogramm überführt. Musiker wird es kaum überraschen, dass man die Abbildung eines Teils der Partitur nicht auf eine Form, welcher sich die lautliche, sozusagen materielle Individuation zu unterwerfen hat, reduzieren kann.

Die Partitur oder vielmehr das formale System, das sie freilegt, transzendiert nicht die Ausführung, ebenso wenig wie die formale Struktur das Musikstück hervorbringt: Sie lancieren einen Lösungsversuch, wobei sie den klanglichen Individuationen eine (relative) Beständigkeit gewähren: „Eine Lösung [eine instrumentelle Aktualisierung oder Notation] hat keinen Sinn unabhängig von einem Problem, das nach seinen Bedingungen und seinen Unbekannten [einem Formalismus, der selbst erst konstruiert, nicht reproduziert werden muss] zu bestimmen ist; doch haben diese selbst keinen Sinn unabhängig von [...] bestimmbaren Lösungen.“[3] Obgleich Deleuze und Guattari dies in Bezug auf die Begriffsproduktion in der Philosophie schreiben, kann diese Formulierung meiner Ansicht nach sehr gut auf die musikalische Schöpfung

[3] Gilles Deleuze u. Félix Guattari, *Was ist Philosophie?*, Frankfurt a.M.: Suhrkamp 2000, S. 93. [Übersetzung geändert, A.d.Ü.]

bezogen werden. Der Großteil der Kunstdiskurse vergisst, dass die formale Notation sich nicht weniger (materiell) individuiert als die instrumentale Produktion, wenngleich sie sich nicht auf die letztere noch auf ihre jeweilige empirische Aktualisierung reduzieren lässt. Sie nimmt jedoch keine Vorrangstellung ein.

Die Analyse der formalen Notation ist bereits bestens in *Differenz und Wiederholung* mit dem Begriff Differen*tiation*/*zierung* [*différent/ciation*] vorbereitet. Die virtuelle Differentiation, markiert durch die Endung *-tiation* (das Zeichen *t*), drückt ideelle, aber nicht abstrakte, reelle, aber nicht aktuelle Verbindungen aus, die Deleuze zuweilen noch mit einer Struktur vergleicht. Allerdings zögert er nicht, diese in der Zusammenarbeit mit Guattari als (abstrakte) Maschine oder Diagramm zu begreifen. Die aktuelle Differenzierung, markiert durch die Endung *-zierung* (das Zeichen *z*), betrifft den anderen Aspekt der Differenz, denjenigen der Aktualisierung oder der Individuation ausgehend von einem problematischen Feld virtueller Differenzen. Diese beiden Pole des Virtuellen und des Aktuellen bleiben stets in einer Spannung; sie sind vereint, obgleich distinkt (disjunktiv und doch untrennbar). Die Differenzierung betrifft die Aktualisierungsbewegung vom Virtuellen, der Spitze des Virtuellen, zum Aktuellen und bestimmt die Individuation der aktualisierten Formen und stabilen Organisationen (ein Konzert, eine Aufnahme, eine Partitur stellen solche, wenn auch nicht gleichartige Fälle von Individuation dar). Umgekehrt führt eine jede Individuation eine Differentiation aus; es handelt sich dabei um eine virtuelle, aber distinkte Idealität, um intensive Singularitäten, die jeden Augenblick das Aleatorische ins System wiedereinführen und seine ideelle Konsistenz bestimmen.

Anstatt zwischen diesen beiden Aspekten der Differenz die althergebrachte Polarität zwischen dem Intelligiblen und dem Sinnlichen wiedereinzurichten, als ob die ideelle und undifferenzierte Virtualität Quelle, Ursache, Ursprung oder Struktur der Aktualisierung darstellte (wobei sich die Aktualisierung durch eine „*funktionelle* Erzeugung" „ableite", wie noch Boulez schreibt[4]), macht Deleuze immer wieder klar, dass das Virtuelle und Aktuelle auf derselben Ebene (der Immanenzebene) ko-existieren – derart, dass es unmöglich ist, zwischen beiden Phasen einen Entwicklungsverlauf festzulegen, der das Aktuelle zu einem Resultat des Virtuellen macht. Das Virtuelle ist nicht Ursache des Aktuellen und auch nicht sein ideelles Erzeugungsprinzip – was Deleuze dazu bringt, den Begriff der Struktur aufzugeben. Beim Musizieren und Komponieren ist diese Polarität des Aktuellen und Virtuellen gleichfalls mit einbezogen. Auch wenn wir durch eine lange Schrifttradition daran gewöhnt sind, das Formale mit seiner schriftlichen oder noetischen Aktualisierung zu identifizieren, so sind doch die musikalischen Systeme ohne Verschriftlichung nicht weniger komplex und formal differenziert: Wohlgemerkt, sie demonstrieren die gleiche virtuelle, problematische Insistenz in einer jeden differenzierten (aktu-

4 Pierre Boulez, *Musikdenken heute*, Bd. 1, Mainz: Schott 1963, S. 30.

alisierten) Aufführung. Das Schriftprimat unserer abendländischen Gesellschaften bildet den Hintergrund, um die Neuverteilung des Virtuellen und Aktuellen zu verstehen, zu der uns Deleuze einlädt. Zeitgenössische abendländische Musikstücke oder alte Volksweisen ebenso wie die mehrstimmigen Melodien der Aka-Pygmäen haben diese Neuverteilung dabei schon lange umgesetzt.

Eine zweite, gleichermaßen schädliche Fehlannahme betrachtet die empirische Aktualität als Ursache des Virtuellen: Auch dieses Verteilungsschema von formal Intelligiblen und empirischer Aktualisierung erneuert Deleuze auf radikale Weise. Deshalb kann man diese beiden zusammenhängenden, aber nicht identischen Spannungsverteilungen der Aktualisierung und der intensiven Differentiation nicht miteinander identifizieren, so als ob das Virtuelle durch das Aktuelle hervorgebracht und empirisch determiniert würde. Der virtuelle Teil einer jeden Aktualisierung (die Fähigkeit des Werdens) und die Insistenz des Virtuellen im Aktuellen (das irreduzible, empirisch nicht gegebene Transformationspotential) nivellieren sich nicht und sind auch nicht umkehrbar, sondern bleiben distinkt und ununterscheidbar (Deleuze und Guattari sprechen von einer „ununterscheidbaren Nähe“, die es noch zu erläutern gilt). Deleuzes Empirismus ist transzendental: Er impliziert eine Transformation des Empirischen ebenso wie eine Verzeitlichung der Formalen.

Haecceïtas: Geschwindigkeiten und Langsamkeiten, Kräftevariation

Aufgrund ihrer zweistelligen („molaren") Ausdrucksform gibt die Dualität des Virtuellen und Aktuellen gleichwohl Anlass zu Missverständnissen. Indem Deleuze die Formel der Differen*tiation/zierung* zugunsten der Gefüge und abstrakten Maschinen – Begriffe, die er mit Guattari konstruiert – fallen lässt, rollt er das Problem der Individuation neu auf, wie es an den beiden uns interessierenden Texten über Boulez deutlich wird.

Im Jahr 1986 erklärt Deleuze: „Stets hatte die Musik dieses Ziel: Individuationen ohne Identität, die die ‚musikalischen Wesen' bilden."[5] Er zeigt, dass diese Individuationsmodi eine Theorie „nicht pulsierte[r] Zeit[en]", befreit von der Taktmessung, beinhalten. Diese „Mannigfaltigkeit[en] heterochroner [...] Dauern"[6] können weder durch eine sie einigende höhere Form erklärt werden, noch durch eine Zusammensetzung aus elementaren, regelmäßigen oder unregelmäßigen Sequenzen. Die beiden gewöhnlichen Wege der Systemkonstitution, welche die strukturale Analyse beibehält – die Verallgemeinerung mittels einer universellen Form oder die Zusammensetzung aus elementaren Einheiten – sind definitiv ausgeschlossen, sowohl in Anbetracht der phonischen, raum-zeitlichen Dynamiken, die in jeder Musik walten, als auch in Anbetracht

[5] Deleuze, *Schizophrenie und Gesellschaft*, S. 282.

[6] Ebd., S. 149.

der Formalisierungsversuche, wodurch sie notiert, unterrichtet und erläutert werden.

Diese nicht pulsierte Zeit ist irreduzibel auf eine allgemeine Chronometrie und entspricht einem „bestimmten Individuationstypus, der sich nicht auf ein Subjekt (Ich) zurückführen läßt,[7] nicht einmal auf die Kombination einer Form und einer Materie";[8] es sind „Individuationen ohne Identität".[9] Die „Zeitblöcke" erfahren „Geschwindigkeiten und Langsamkeiten, Vergrößerungen und Verkleinerungen, Hinzufügungen und Schmälerungen".[10] Das Individuum (*ein* Ton, *ein* Werk) bestimmt sich nicht mehr durch seine Form, seine Struktur und auch nicht durch seine Funktionen, sondern durch seinen Längengrad (das komplexe Verhältnis von Geschwindigkeiten und Langsamkeiten) und seinen Breitengrad (die Kräftevariation dieses Verhältnisses, dessen formale Konsistenz sich in der Fähigkeit zu affizieren und affiziert zu werden ausdrückt). Deleuze bezeichnet derartige Individuationen ohne Identität als Haecceïtates. Zweifellos fügen sie sich den beiden Aspekten des Aktuellen (Längengrad, Geschwindigkeit oder Langsamkeit der Aktualisierung) und des Virtuellen (Breitengrad, virtuelle Kräftevariation), aber sie teilen sich nicht mehr gemäß einer Hierarchie des Sinnlichen und des Intelligiblen auf. Die Haecceïtas deutet diese doppelte Verschie-

[7] Das personelle psychologische Ich (Komponist) oder das transzendentale Ich (logisches Wesen).
[8] Ebd., S. 150.
[9] Ebd., S. 282.
[10] Ebd., S. 280.

bung an, indem sie zunächst Simondons Individuationskonzept und seine Kritik der Beziehungen zwischen Form und Materie, die eine Abkehr von der Unterteilung in (virtuelle) Form und (aktuelle) Materie impliziert, einbezieht.[11] Die gesamte abendländische Metaphysik von Aristoteles bis Husserl stellt das Individuum als Resultat eines vorgängigen und getrennten Individuationsprinzips dar, wobei die Form die Materie „formt". Dieses hylomorphe Schema macht es unmöglich, die formende Aktivität der Form zu verstehen, außer fälschlich als Reproduktion, Nachahmung oder Herabsetzung der Materie. Statt des Konzepts der „Formung" [*moulage*] schlägt Simondon vor, die konkrete Operation der Formwerdung zu betrachten. Der einfachste Techniker, so Simondons Einwand, weiß, sobald er sich auf der Ebene der Operation selbst situiert, dass die Form die zu transformierende Materie modellieren muss. Mithin ist jede Form materiell, während die betreffende Materie nicht ungeformt oder passiv, sondern präpariert ist: Sie ist Trägerin formaler Potentialitäten. An die Stelle der abstrakten Konzeption der Formung (der Opposition von Form und Materie) setzt Simondon folglich eine neue Konzeption der Form als Werden: die Modulation, welche auf der Ebene der Formwerdung agiert und Kräfte und Materialien in Verbindung bringt. Wohlgemerkt, die Anwendung einer solchen Analyse eignet sich auch in Bezug auf die Herstellung von geformten Produkten.

[11] Gilbert Simondon, *L'Individuation à la lumière des notions de forme et d'information*, Grenoble: Millon 2013.

Diese entscheidende, von Simondon eingebrachte Neuerung, welche Deleuze allerdings auf die Künste bezieht, bestimmt einen neuen Status des Formalismus, wodurch die Zurückweisung der Struktur bestärkt wird. „Allenthalben wird uns also nahegelegt, nicht mehr in Begriffen von Materie und Form zu denken. […] Haben wir nicht aufgehört, diese ganze Materie-Form-Hierarchie – eine mehr oder weniger rudimentäre Materie und eine mehr oder weniger kunstvolle klangliche Form – zu vernehmen, und haben die Komponisten nicht aufgehört, sie zu produzieren?“[12] In freier, indirekter Rede nimmt Deleuze hier die Definition der Modulation auf, die freilich besonders gut für die Musik geeignet ist, obgleich Simondon selbst sie im technologisch-physikalischen Bereich der Elektronik anwendet, ohne eigens an die tonale Musik zu denken. Die Modulation nimmt eine zunehmend größere Bedeutung in Deleuzes und in Guattaris Philosophie an, denn sie macht den Begriff der Struktur obsolet, indem sie ihn in das altertümliche Arsenal abstrakter Aufteilungen zwischen der intelligiblen Form und der sinnlichen Materie verweist.

Zudem wird durch die Einführung des Maschinenbegriffs, der sich der Abschaffung der ideellen, mentalen und homogenen Struktur verschreibt, das Thema der Modulation der Kräfte und Materialien neu gefasst – *Tausend Plateaus* widmet sich zur Gänze der Untersuchung dieses Übergangs. Ohne hier in die Details der politischen Kritik des Logizismus einzugehen, begnü-

[12] Deleuze, *Schizophrenie und Gesellschaft*, S. 151. [Übersetzung geändert, A.d.Ü.]

ge ich mich damit zu zeigen, wie die Modulation durch die maschinische Konzeption der Formwerdung qua Unterbrechung von Strömen neu aufgezogen wird. Letztere verdankt ihre Darlegung teilweise Louis Hjelmslev, der äußerst erstaunt gewesen wäre, sich in eine Kriegsmaschine gegen die seriellen Strukturkonzeptionen, denen er größere Kohärenz zu verleihen suchte, verwandelt zu sehen. Anstatt Reihen von psychischen und physischen Termen – d.h. kleinsten Einheiten, die durch ihre strukturelle, serielle Position innerhalb eines geschlossenen Systems erzeugt werden – gegenüber zu stellen, zeigt Hjelmslev, dass diese Terme keineswegs kleinste Elemente sind, sondern Funktoren, die formale Einschnitte in ein nichtgeformtes Kontinuum vornehmen. Auf diese Weise öffnet sich die homogene Struktur auf eine prozessbezogene Konzeption der Terme, die nicht als letzte Einheiten entworfen werden, sondern als Funktionen wirken, als Ergebnisse variabler, nicht unter einer allgemeinen Form vereinheitlichter Einschnitte; sie wirken nur unter wechselseitiger Voraussetzung. Formale und lautliche Produktion in der Musik sind untrennbar, aber die eine ist nicht Ursache der anderen. Sie bilden sich heraus durch Einschnitte in einen Strom: Ein ungeformter Strom lautlicher Partikel nimmt zur selben Zeit Form an, da ein nicht formalisierter Strom ideeller Singularitäten sich stabilisiert und schließlich in der Partitur aktualisiert. Jedoch ist die Partitur nicht Ursache des Spiels und das Spiel nicht Ursache der Partitur. Dennoch sind sie nicht ohne jede Beziehung: Stets relativ und in einem Zustand wechselseitiger

Voraussetzung, entreißt sich eine jede dieser Formen durch Einschnitte in einen Strom. Deleuze und Guattari nennen dieses Gefüge durch Nähe, welches nicht auf eine allgemeine Form oder eine Komposition von elementaren Einheiten reduzierbar ist, „abstrakte Maschine“ oder „Diagramm“. Weder Kausalität noch Isomorphie sind involviert bei der Aktualisierung ihres Zusammentreffens; es verleiht jeder auf reziproke Weise den Status einer nicht vorgängigen Bedingung sowie ihre singuläre, konsistente, aber nicht prä-formierte Idealität.

Der bereits erwähnte dritte Aspekt der Systemkrise macht sich hier als Bedingung der zwei vorherigen Analysen des Formalen (Differen*tiation/zierung*) und des Zeitlichen (Individuation durch Geschwindigkeiten und Langsamkeiten, Haecceïtas) geltend. Die das System heimsuchende Verformung spielt sich nicht außerhalb des pragmatischen Kontexts ab; sie ist nicht Ergebnis einer rein deduktiven Aktivität, sondern kommt von dem musikalisch-amikalen („musikamikalen“, wenn ich so sagen darf) Zusammentreffen zwischen Komponistinnen und Komponisten. Deren kompositorische, formale und pragmatische Arbeit stellt einen Fall der Erfahrungskonstruktion dar, der durch eine Transformation der Wahrnehmung erfolgt. Das, was wir „aufgehört [haben] zu vernehmen“ und was die Komponisten „aufgehört [haben] zu produzieren“,[13] entspricht einer Änderung des Hörens, welche ein Problem aufwirft, das zu aktualisieren ihre

[13] Ebd., S. 151.

vorausgesetzte Bedingung ist. Es handelt sich nicht um Musik im Allgemeinen, sondern stets um die Eigenart eines besonderen Falls. „Besetzen ohne zu zählen" bezieht sich auf einen solchen Fall, und es ist von erheblicher Bedeutung, dass Boulez seine Begriffe ausgehend von einer kompositionellen, begrifflichen sowie perzeptiven Praktik entwickelt und dass er sie musikalisch umsetzt.

Durchquerung von Vielheiten; das Glatte und das Gekerbte

Deleuze und Guattari schreiben in *Tausend Plateaus*: „Im Prinzip sagt Boulez, daß man in einem glatten Zeit-Raum besetzt, ohne zu zählen, während man in einem gekerbten Zeit-Raum zählt, um zu besetzen."[14] Es handelt sich hierbei um ein wörtliches Zitat aus Boulez' *Musikdenken heute*, das sich auf die binäre, extrem dualistische Erscheinung der Unterscheidung bezieht (wobei hier die Rede ist von einem kämpferischen Dualismus, nicht von einer Unterordnung des Gekerbten unter das „rein" Glatte). Im Jahr 1963 erklärt Boulez, dem Denken eine Vorrangstellung einräumend, „daß es sich hier um eines der dringendsten Ziele des aktuellen Musikdenkens handle: um das Erfassen und Verwirklichen einer *Relativität* der verschiedenen Klangräume, die zur Verwendung stehen."

[14] Gilles Deleuze u. Félix Guattari, *Tausend Plateaus. Kapitalismus und Schizophrenie II*, Berlin: Merve 2005, S. 662. Boulez, *Musikdenken heute*, Bd. 1, S. 81.

Es bedarf eines Sprungs „aus unsere[r] abendländische[n] Kultur [der] Polyphonie“:[15] Diese nötigt eine Vereinfachung, Standardisierung, Markierung der Intervalle auf; sie respektiert die allgemeinen Regeln mit Blick auf einen höheren Wirkungsgrad. „Indessen ist offensichtlich die Zeit gekommen, nach variablen Räumen mit beweglichen Definitionen Ausschau zu halten, die sich (durch fortlaufende Ab- oder Umwandlung) [...] entwickeln können.“[16] So wird das Tempo von einem „feststehende[n] Maßstab“[17] befreit. Boulez unterstreicht, dass das Tempo „Variabilitäten zu[lässt], seien sie nun präzis bestimmt oder nicht“,[18] und verdeutlicht zugleich die Abwandlung fließender Zeiten im Sinne von pluralen (und kompositionellen) Klangräumen. Infolgedessen ist es ihm möglich, zwei entgegengesetzte Pole zu unterscheiden: den gekerbten, metrischen und homogenen Raum, der durch gegebene Größen wie von transzendenten Einheiten unterteilt ist, von einem glatten, dimensionalen Raum, der variable Größen enthält. Diese variablen Größen wandeln sich je nach ihrer örtlichen Lage, aber auch im Hinblick auf ihre Fähigkeit, das System des Ganzen gerade durch ihre Situiertheit neu aufzurollen. Diese „Besetzung“ führen Deleuze und Guattari unmittelbar auf die von ihnen durchgeführten Analysen des Ritornells zurück. Besetzung ist hier nicht zu verstehen als Einrichtung in einem unbeweglichen, bereits gegebe-

[15] Boulez, *Musikdenken heute*, Bd. 1, S. 72.
[16] Ebd.
[17] Ebd., S. 43.
[18] Ebd.

nen Raum, sondern eher als eine zugleich bio-technologische und sozio-ästhetische Schaffung von raumzeitlichen, historischen und singulären Schematismen, die auf soziale Ritornelle (ein Gehörtes) verweisen und diese zur selben Zeit transformieren. Ein jedes Ritornell, ob eine Volksweise oder eine hochgeistige musikalische Form, aktualisiert sich als maschinisches Körpergefüge (Musik machen), aber setzt ein kollektives Gefüge des Gehörten voraus (ein virtuelles Repertoire von Kompetenzen, Erwartungen, halb-gelöste Probleme, maschinische und techno-soziale Phyla von Klangproduktionen, Aufnahmen, Synthesen, immaterielle Universen des Musikalischen zu einem gegebenen Zeitpunkt), wobei diese virtuelle Seite der konkreten Gefüge keinesfalls den schöpferischen Prozess determiniert. Die Polarität zwischen Aktualisierung und Bedingung des Gehörten kreuzt sich mit der doppelten Spannung von Deterritorialisierung und Territorialisierung, welche ein Territorium beschreibt (ein Territorium ist ein Akt, nicht ein bestimmter Teil eines Raumes).

Das Ritornell eröffnet also die Möglichkeit einer Vervielfältigung von raumzeitlichen Schematismen. Deleuze und Guattari brechen mit dem von Kant bevorzugten raumzeitlichen Schematismus, der die Euklidische Geometrie und kosmologische Zeit der Natur zugunsten einer transzendentalen Struktur der Wahrnehmung, einer apriorischen Form (transzendentalen Bedingung) der erlebten, menschlichen Erfahrung deplatziert. Für Deleuze und Guattari ist das musikalische Experiment sicherlich Sache der

Wahrnehmung, die jedoch nicht a priori durch die raumzeitliche Struktur der ein für alle Mal gegebenen menschlichen Subjektivitäten fixiert ist: Es gibt kein Gehör im Allgemeinen und das Gehörte beschränkt sich nicht auf das physische Organ, das Ohr, sondern eröffnet im Gegenteil die techno-instrumentale und stets soziale Produktion von Ritornellen, von Gewohnheiten und musikalischen Lebensräumen. Diese Ritornelle, ganz gleich ob sie uns gefallen oder nicht, zwingen sich uns nicht wie inerte Formen auf, sondern sie variieren, auf der Spitze ihre Wiederholung, durch Transformation des populären und vergeistigten Hörens. Im Falle zeitgenössischer Musikstücke scheint die Wahrnehmung dem Gehörten voraus zu sein, denn sie brechen mit den harmonischen, keinesfalls natürlichen, sondern durch *Gewohnheit* vertrauten Ritornellen (Sesshaft-Werden von Gewohnheiten, verfestigte Ritornelle). Hier nun stellt sich das folgende spezifische Problem: „Wie lassen sich diese [musikalischen] Individuen wahrnehmen, die unaufhörlich variieren, und deren Geschwindigkeit nicht zu analysieren ist oder, mehr noch, die sich jedem Anhaltspunkt im glatten Raum entziehen?“[19] Um dieses *Problem* zu lösen, müssen wir zur Frage der Individuationen und der Wahrnehmung als Vielheiten zurückkehren.

[19] Deleuze, *Schizophrenie und Gesellschaft*, S. 282. [Übersetzung geändert, A.d.Ü.] Siehe auch Deleuze, der Boulez zitiert: „Setzt man aber den Schnitt nach freiem Ermessen, so verliert das Ohr jeden Anhaltspunkt [und jede absolute Kenntnis von den Intervallen]; es geht ihm wie dem Auge, das Entfernungen auf einer glatten Ebene schätzen soll.“ Deleuze, *Schizophrenie und Gesellschaft*, S. 282, FN 8. Boulez, *Musikdenken heute*, Bd. 1, S. 74, siehe auch S. 36.

Die Polarität des Glatten und des Gekerbten bringt in der Tat die Frage nach dem Status der Vielheiten, auf den Deleuze immer wieder zurückgehen wird, ins Spiel. In dieser Hinsicht ist sein gesamtes Werk für Musiker und Musikerinnen von Interesse. Wie kann man der Bequemlichkeit, eine jede Vielheit auf eine Einheit zurückzuverweisen, entkommen? Wie kann man eine gänzlich mannigfache Vielheit, die weder identisch noch einheitlich ist, begreifen? In Anlehnung an Bergson schlägt Deleuze eine Unterscheidung zwischen unterschiedlichen Typen von Vielheiten vor, um die Beschränkung des Vielen auf eine Vervielfältigung identischer Einheiten (durch Wiederholung, Partizipation oder Reduktion) zu vermeiden. Die Polarität des Glatten und des Gekerbten schreibt sich in die stets neu zur Disposition gestellte Unterscheidung zwischen einer Vielheit als Anhäufung von Einheiten, die dem Einen oder einer Identität unterworfen sind, und einer wahrhaft pluralen Vielheit ein.

Eine Vielheit, die aus gegebenen, quantitativen und diskreten Teilen zusammengesetzt ist, bleibt eine Verbindung additiver Einheiten, bestimmt durch eine einheitlich, nicht-differentielle Wiederholung von Teilen, die bereits der Einheit unterworfen sind. Dies ist die Vielheit durch Anhäufung, eine multiple Sammlung gegebener Einheiten, des Typs n + 1. Eine solche Vielheit, die zusammengesetzt ist aus *einfachen* Einheiten, letzten Elementen, bleibt dem Einen untergeordnet; sie ist Wiederholung ohne Differenz, amorphe Montage. Um zu einer *wirklich* mannigfachen, differentiellen Vielheit zu gelangen, muss man den Bezug auf das

Eine unterlassen und folglich auch ihre Konstitution durch Addition von gegebenen Einheiten. Eine solche Vielheit kann nicht mehr aus diskreten und festen Teilen bestehen; sie resultiert nicht mehr aus einer Anhäufung getrennter Elemente oder gegebener Einheiten. Aus diesem Grund besteht Deleuze darauf, dass eine solche Vielheit sich nicht ändern kann, ohne dass sich zugleich ihre Teile ändern. Wenn man sie teilt (n – 1), wandelt sich ihre Natur.

An dieser Stelle empfiehlt es sich, das dritte und das vierte Prinzip des Rhizoms zusammen mit den beiden ersten Prinzipien, die wir bereits untersucht haben, zu erläutern: das Prinzip der Konnexion und der Heterogenität (1 & 2) durch das Prinzip der Mannigfaltigkeit (3), das heißt, durch das Prinzip des asignifikanten Bruchs (4), einer Unterbrechung des Stromes. Dies betrifft unmittelbar den Ton, der, zwar empirisch, aber nicht, wie Helmholtz glaubte, als ein akustisches Phänomen gegeben ist. Der Ton ist gleichsam ein variabler Einschnitt, der sich von einem techno-ästhetischen Kontinuum klanglicher Zeichen abhebt, indem er die jeweilige Bedeutung (falls vorhanden) eines Schnitts zwischen Ton, Geräusch und Stille bestimmt.

Bergson heftet seine eigene Konzeption von Vielheiten an eine ontologische Differenz zwischen Zeit und Raum, wobei er die Musik (eine Melodie) als Beispiel einer qualitativen Vielheit, einer wahren Dauer heranzieht. Die „wahre“ Vielheit, die wir unmittelbar im Bewusstseinsstrom erfahren, die uns für eine virtuelle, kontinuierliche Dauer öffnet und nicht reduzierbar ist auf ein gegebenes Maß oder irgend eine andere identische Einheit, unterscheidet sich von der inerten, numerischen und diskontinuierlichen Vielheit, die in der materiellen, räumlichen Erfahrung unseres Handelns gegenwärtig ist. Meines Erachtens stellt diese Entmaterialisierung der Musik eine unerträgliche Spiritualisierung des Gehörten und der Klangproduktion dar. Sie bestimmt die Zeit, Träger der Spiritualisierung, durch eine hierarchische Vorrangstellung gegenüber der Räumlichkeit. Dieses kantische Erbe macht aus der Zeit (unserem inneren Sinn) eine transzendentale Bedingung des Raumes (äußerer Sinn der Erscheinungen), der daraus abgeleitet ist. Diese Vorrangstellung, welche für die gesamte Phänomenologie, Heidegger voran, kennzeichnend ist, führt schließlich wiederum zur Entgegensetzung von Form und Materie. Deren unmittelbarste Folge besteht darin, die Klangmaterie als physikalische Gegebenheit zu betrachten, anstatt sie in ihrer „sozio-techno-ästhetischen" Subjektivierung, wenn ich so sagen darf, wahrzunehmen (es gibt keinen Ton im Allgemeinen, sondern nur eine veränderliche Wahrnehmbarkeit). Die ontologische Hierarchie von Zeit und Raum spaltet die menschliche Erfahrung in diese zwei Modi der Auffassung: eine verräumlichende (pragmatische, technische, wissenschaftliche) Intelligenz, welche mit Blick auf Bedürfnisse des Handelns ein Werden, das nur die (philosophische oder künstlerische) Intuition der Dauer zu fassen vermag, verdinglicht. Diese ontologische Spaltung verhärtet sich in ein gesellschaftliches Schichtenmodell: Die Unterordnung der technischen Intelligenz des Arbeiters unter die aristokratische Intuition, die von jedwedem Kontakt mit der Materie befreit und zu einer desinteressierten Kontemplation der Dauer bereit ist, führt auf einen Klassenunterschied zurück. Diese Abwertung des Technischen ist völlig nutzlos in der Musik, deren Klangproduktion stets durch Instrumente erfolgt; und dergleichen gilt auch für die anderen Künste.

Deleuze vollführt stillschweigend einen ersten radikalen Akt, indem er Bergsons statische Entgegensetzung von Zeit (Intuition) und Raum (Intelligenz) ausgehend von der Bestimmung mathematischer Vielheiten her begreift. Schon in seiner Bergson-Monographie hat er Bergson mit Husserl und Riemann in Verbindung gebracht, aber erst in *Tausend Plateaus* versteht man die Virulenz dieser Transformation. Auch Riemann schlägt eine Theorie der Mannigfaltigkeiten vor, wobei er als Unterscheidungskriterien anführt, ob sie kontinuierlich oder diskret sind und ob sie das Prinzip ihrer Maßbestimmung in sich enthalten oder von außen erfahren. Die messbaren, räumlichen und nutzbringenden Vielheiten bei Bergson finden sich in Riemanns Unterscheidung zwischen dem Diskreten und dem Kontinuierlichen – eine Unterscheidung, die nicht mehr die Zeit gegenüber dem Raum oder das Spirituelle gegenüber dem Materiellen privilegiert. Insofern sie gänzlich mathematisch ist, unterscheidet sie nicht Klassen von Seienden, noch Erfahrungsmodi, sondern verschiedene mathematische Operationen, wie Albert Lautman, Deleuzes bevorzugter Gewährsmann für diese Art von Fragen, deutlich gemacht hat.[20] Die Zahl kann abstrakt sein wie eine transzendente Einheit (eine Arithmetik ganzer Zahlen), oder auch eine veränderliche, fließende Existenz annehmen – je nach dem betreffenden Gebiet (Topologie oder Algebra). Die plurale und haptische Konzeption Riemannscher Räume bestimmt sich durch Nachbarschaften, durch wiederholte Aneinanderreihung von nebeneinanderliegenden Teilstücken, ohne dass diese durch eine vereinheitlichende Form miteinander verbunden würden. Es handelt sich dabei weniger um ein *Patchwork*, wie Deleuze und Guattari behaupten,[21] denn dieses suggeriert, dass man es mit einheitlichen Teilstücken, die man zusammenfügen muss, zu tun hätte. Weder handelt es sich um ein Gewebe, dessen Elemente vertikal und horizontal miteinander verflochten sind, noch um ein Puzzle oder eine Stückmontage, sondern um ein diagonales, transversales Gefüge: einen Filz. Indem Deleuze Riemann'sche Räume, Dedekinds Schnitte zur Bestimmung rationaler oder irrationaler Zahlen sowie Russells Unterscheidung zwischen Abstand und Größe zusammenbringt, vollzieht er eine Wende, die es ihm ermöglicht, Boulez' Unterscheidung zwischen dem Glatten und dem Gekerbten aufzunehmen und den Status der Vielheiten (sowie die scheinbare Dualität von Zeit und Zahl oder von verschiedenen Gebieten wie Musik und Mathematik) zu

[20] Deleuze u. Guattari, *Tausend Plateaus*, S. 673, FN 18. Albert Lautman, *Essai sur les notions de structure et d'existence en mathématiques*, Bd. 1, Paris: Hermann & Cie 1938.
[21] Deleuze u. Guattari, *Tausend Plateaus*, S. 660.

transformieren. Es geht nicht mehr darum, den Raum dem Glatten entgegenzusetzen, sondern vielmehr die Raum-Zeiten zu vervielfältigen.

Der zweite Wendepunkt: Die Unterscheidung der zwei Vielheiten bliebe allerdings „im Prinzip" [*au plus simple*][22] auf der „molaren" Ebene, wenn man sie zu einem Gattungsunterschied verschärfen würde. Stattdessen muss man sie auf transversale Weise (wie eine Haecceïtas) auffassen und sie als eine Dualität des Kampfes, nicht der getrennten Wesen betrachten. Boulez tendiert übrigens in eine ähnliche Richtung mit seinem Begriff der Diagonalen, der so häufig in *Tausend Plateaus* aufgegriffen wird. Denn die Entgegensetzung von pluralen Vielheiten und einem einheitlichen Maß unterworfenen Vielheiten heißt nichts anderes, als einen einfachen Dualismus wiedereinzuführen, dem eine jede Beschäftigung mit Vielheiten widerspricht. Die Festlegung der glatten Vielheit auf eine Seinskategorie würde bedeuten, die plurale Vielheit als solche abzuschaffen. Aus diesem Grund meint Deleuze, nach dem Erscheinen von *Tausend Plateaus*, dass der Begriff in beiden Hinsichten – der einer reinen Zeitlichkeit (Bergson) und der eines strukturalen Logizismus (Riemann oder Husserl) – „scheitert[]".[23] Bergsons Vielheit stellt einen einfachen Dualismus durch den Gattungsunterschied Raum und Zeit wieder her. Husserls oder Riemanns Mannigfaltigkeit scheitert hingegen an ihrem Formalismus: Unter dem

[22] Ebd., S. 662.
[23] Gilles Deleuze, *Foucault*, Frankfurt a.M.: Suhrkamp 1992, S. 25.

Aspekt einer reallogischen und dem Subjekt immanenten Struktur (subjektiver transzendentaler Formalismus) verhärtet die Mannigfaltigkeit wieder, die ursprünglich ermöglicht wurde. In beiden Hinsichten zieht sich die Mannigfaltigkeit zurück in ein Prädikat, das dem Einen entgegengesetzt ist und einem Subjekt oder einer Struktur zugeschrieben werden kann: als eine bereits vorgeformte Form, die auf molare Weise einer gegensätzlichen Form gegenübergestellt ist.

Weitere Missverständnisse müssen ausgeschlossen werden: Zweifelsohne setzt sich die Individuation durch Haecceïtas von dem üblichen Disput über das Viele und das Eine ab, und genau diese Lösung bevorzugen Deleuze und Guattari. Jedoch wäre es ebenso widersinnig, ein weiteres Mal einen tragenden Grund einzuführen und den glatten Raum oder die fließende Zeit als essenzielle Erfahrungsdimension zu verhärten: als ein ursprünglich vorgelagertes Reservoir, das sich sukzessive durch metrische Zeitmessung und Raumkerbung verbraucht. Boulez selbst ist jedoch klar und unmissverständlich, wenn er beide Hinsichten als relative, stets miteinander vermengte Pole versteht: „Im Prinzip" gibt die radikale Unterscheidung auf der makrostrukturellen oder molaren Ebene die molekularen (mikrostrukturellen) und stets in Mischverhältnissen vorkommenden Wechselwirkungen wieder.[24] Es stimmt wohl, dass Deleuze und Guattari im Anschluss an Boulez auf der Polarität von glatt und gekerbt beharren. Diese operativ wirksame, reziproke

[24] Deleuze u. Guattari, *Tausend Plateaus*, S. 662.

Spannung gilt für alle dichotome Paare, die aus ihrer Feder fließen: groß [*majeur*] und klein [*mineur*], molar und molekular, sesshaft und nomadisch, stratifiziert oder intensiv, usf. Alles hängt ab von der „Art, in der ein glatter Raum sich einkerben läßt, aber auch [der] Art, in der ein gekerbter Raum Glattes zurückgibt“.[25] Deshalb gilt die Unterscheidung nur „im Prinzip“:[26] nicht als Trennung, sondern eher als unmerkliche Grenzlinie. Nichtsdestotrotz muss man diese auf der molaren Ebene ausweisen, um den Eindämmungsversuch zu bekämpfen, der in der Unterordnung des Glatten unter das Gekerbte besteht. Wenn man jedoch versucht, so wie Deleuze und Guattari es beständig tun, das Glatte im Gekerbten zur Geltung kommen zu lassen (gekerbt meint hier einem einheitlichen Maßstab unterworfen), stellt sich das Problem einer Vielheit von formalen Konsistenzvorgängen, welche nicht auf ein transzendentes Modell zurückgeführt werden dürfen. Deleuze und Guattari sind indes nicht so inkonsequent, dass sie versuchen würden, dass Glatte absolut geltend zu machen. Es ist unmöglich, das Glatte als ursprüngliche oder dem Gekerbten überlegene Dimension zu werten! Wenn es dennoch einen Zusammenprall zwischen dem Glatten und dem Gekerbten gibt, dann handelt es sich um einen Kampf (nämlich das Glatte vor der Hegemonie des Gekerbten zu bewahren), und nicht um einen Dualismus, der die Erfahrung erneut in hierarchisch organisierte Ebenen

[25] Ebd., S. 674.
[26] Ebd., S. 662.

unterteilte (das Gekerbte als unwesentliche Dimension, die es um jeden Preis zu glätten gälte).

„Diese große Unterscheidung von Boulez, das Gekerbte (oder Geriffelte) und das Glatte, bedeutet weniger Trennung als fortwährende Kommunikation [...], und sei es nur in dem Sinne, daß eine homogene Verteilung in einer gekerbten Zeit den Eindruck einer glatten Zeit vermittelt, während eine sehr ungleichmäßige Verteilung in einer glatten Zeit *Richtungen* einführt, die eine gekerbte Zeit evozieren, durch Verdichtung oder Akkumulation von Nachbarschaften."[27]

Die Unterscheidung aktuell/virtuell bleibt abstrakt und setzt sich einem Missverständnis aus: Wenn man das Werden den virtuellen Singularitäten zuschreibt, dann wird es widersinniger Weise als neuer Grund [*fondement*] verstanden. Die Polarität des Glatten und Gekerbten sowie die Aufwertung des Glatten bieten sich demselben Missverständnis dar. Gewisse Formulierungen in *Tausend Plateaus* scheinen in diese Richtung zu weisen:

„Manche modernen Musiker stellen dem transzendenten Organisationsplan, der die ganze klassische Musik des Abendlandes beherrscht haben soll, eine immanente klangliche Ebene gegenüber, die immer mit dem gegeben ist, was sie ergibt, die das Unwahrnehmbare wahrnehmbar macht und in einer Art von molekularem Geplätscher nur noch unterschiedliche Schnelligkeiten und Langsamkeiten transportiert."[28]

[27] Deleuze, *Schizophrenie und Gesellschaft*, S. 281.
[28] Deleuze u. Guattari, *Tausend Plateaus*, S. 363.

Diese klangliche Ebene, die „mit dem gegeben ist, was sie ergibt", besteht aus der Individuation einer fließenden Zeit, welche eine Individuation durch Haecceïtas, Schnelligkeiten und Langsamkeiten voraussetzt. Letztere führen kein formales Programm aus, sondern transformieren ein Diagramm. Diese Individuationsebene betrifft nun notwendigerweise genauso die klassische wie die zeitgenössische Musik! Andernfalls würde das Abenteuer der seriellen Musik einen Fortschritt bedeuten, der die klassische Harmonie in eine musikalische Prähistorie zurückverweist, gemäß einer linearen Geschichtskonzeption der Musik, die ganz und gar auszuschließen ist. Die Kritik zielt allein auf den Status, den man einer das Gekerbte privilegierenden Formalisierung verleiht; die Formalisierung selbst jedoch ist jederzeit konstruktiv. Es ist absurd, musikalische Produktionen, die eine ideale und selbstverständlich Variationen hervorbringende formale Matrix beanspruchen, zu verdammen – ebenso absurd, wie etwa Bach des musikalischen Unverstands zu bezichtigen. Absurd ist es auch, theoretische Formalisierungsversuche, zu denen sein Werk Anlass gab, als hinfällig einzustufen.

Freilich bestreitet Deleuze, dass diese Formalisierungen die *apriorische* Natur der Musik erfasst haben sollen. Deshalb heißt es auch, der transzendente Organisationsplan „soll" die ganze klassische Musik beherrscht haben:[29] Er ist in der Tat wirksam, aber als konstruktive Blockierung, als Wucherungsbedingung.

[29] Ebd.

Dasselbe lässt sich von der Perspektive in der Malerei sagen: Sie bedeutet auch in historischer Hinsicht eine bestimmt Art und Weise zu besetzen, den beweglichen visuellen Block zu territorialisieren. Selbst wenn man sie als rationale Form des Pikturalen, als singuläre und präskriptive symbolische Form zu vereinheitlichen sucht, so agiert sie in Wirklichkeit doch stets wie ein Diagramm, das – so Deleuze und Guattari – die Malerei weiterträgt, sie zum Wuchern bringt, anstatt sie zu sterilisieren.

Die Weigerung, das wohltemperierte System als transzendente Bestimmung der Musik überhaupt zu betrachten (gemäß eines Eurozentrismus, der sich auf den kolonialen Mythos einer großen abendländischen Vernunft stützt), bedeutet nun keineswegs, ihre singuläre Kraft zu verleugnen, sondern lediglich ihren Status zu modifizieren: Dieser wird Ausdruck und Signatur eines Stils. Das ist nicht dasselbe wie die Hypostasierung dieser Signatur, indem man sie als ewige Natur der Musik überhaupt betrachtet. Man kann durchaus die klassische Musik lieben, ohne sich dem strategischen, politischen Machtspiel einer dominierenden kulturellen Form unter Ausschluss aller anderen musikalischen Semiotiken zu verschreiben. Diese sekundären Rationalisierungsvorgänge betreffen den Status, den man Kompositionsprinzipien zuschreibt. Sie sind auf der Ebene der Phyla und Referenzuniversen anzusiedeln: Es ist nicht nötig, sie als univoke Pseudo-Natur des Musikalischen zu identifizieren. Diese sogenannte „Natur" übrigens, betrachtet man die Werke in der Musik, der Malerei oder in den anderen

Künsten, hört nicht auf sich zu transformieren. Die historische Epistemologie der Wissenschaften (Bachelard, Canguilhem, Foucault) hat uns seit Langem mit den Begriffen vertraut gemacht, die es in der Geschichte der Künste einzuführen gilt: Die methodischen Formalisierungen sind nicht linear und fortschreitend, sondern fragmentarisch und durch Brüche gekennzeichnet.

„Unaufhörlich mißlingen sie, gleiten ab, geraten in eine Sackgasse, doch auch, um sich anderswo wieder zu fangen, mit neuen Maßstäben, neuen Rhythmen, neuer Gangart."[30]

Die klassische temperierte Stimmung ist weder eine „gute Form", die der Natur ihrer Elemente gemäß wäre, noch eine „schlechte" Form (derselbe Trugschluss, nur umgekehrt). Versucht man ein bestimmtes Muster des Stils zu erkennen, so bedeutet das nicht die Entdeckung einer Identität unterhalb der Variation – ganz im Gegenteil! Es spielt eher die Rolle einer Differenz, die es erlaubt, „die Variation, das heißt die identitätslose Individuation zu *identifizieren*".[31]

Abschließend lässt sich zusammenfassen, dass das Gekerbte einerseits als Herrschaftsstrategie im Sinne der Auferlegung eines unveränderlichen Maßstabs funktioniert – was Deleuze und Guattari kritisieren. Das ändert jedoch nichts an dem konstruktiven Wert des Gekerbten im Sinne eines relativen Pols, der das Glatte sichtbar werden lässt, und umgekehrt. Drei

[30] Gilles Deleuze, *Perikles und Verdi. Die Philosophie des François Châtelet*, Wien: Passagen 1989, S. 13.

[31] Deleuze, *Schizophrenie und Gesellschaft*, S. 284.

Aspekte sind also kategorisch zu unterscheiden: Deleuze und Guattari fechten die strategische Herrschaftsdimension an, wonach die musikalischen Systeme, die das Gekerbte privilegieren, durch eine Transzendenz gerechtfertigt sind. Sie bevorzugen stattdessen den Pol des Glatten, der sich offenbar einer Theoretisierung entzieht. In diesem Gefecht um die Einbeziehung des Glatten, geben sie dem Glatten den Vorrang. Wenn man jedoch das Glatte und das Gekerbte wie einheitliche Dimensionen behandelt, zerstört man die Wirksamkeit ihrer Unterscheidung, indem man ihre Vielheit auf das Eine reduziert (binärer Dualismus). Es handelt sich nicht darum, die zeitgenössische Musik als einzig gültige zu präsentieren, sondern vielmehr anhand ihrer die Musikgeschichte neu zu schreiben und zu verstehen. Wenn es darum geht, die polare Unterscheidung zur Geltung zu bringen, stehen sich das Glatte und das Gekerbte (wie zwei einheitliche Formen) auf einer molaren Ebene gegenüber: Hier nun muss das Glatte gegen die molaren Anmaßungen des Gekerbten strategisch verteidigt werden. Doch diese molare pragmatische Organisation verdeckt eine kaum merkliche Tatsache: ohne das Gekerbte, kein Glattes, und umgekehrt (eine molekulare Nachbarschaft). In ihrer kontinuierlichen Wechselseitigkeit bilden das Gekerbte und das Glatte ein Gespann: Wir müssen auf ihre Funktionsweisen blicken, nicht auf ihre Naturen.

Das ändert nichts daran, dass wir bestimmte musikalische Gefüge gesellschaftlich, historisch und formal unterscheiden und sie um ein unverwechselbares formales Muster gruppieren können: z.B. die Unterscheidung in tonale Musik und serielle Musik, oder repetitiver musikalischer Minimalismus oder auch eine ganz anders „kartographierte" Musikrichtung. Die formale Identität eines Stils ist keine Frage des Wesens, sondern der Wucherung. Solche Zuschnitte verfestigen sich nicht zu Gattungen, wenn sie sich als Haecceïtates aktualisieren. Ihre innere Konsistenz verhindert nicht, dass sie in neue Bündnisse eintreten. Derartige Zuschnitte definieren eine Praxis, einen Prozess, eine Strategie, und nicht die Entdeckung präexistierender formaler Strukturen. Es sind Experimente, die auf ein dringendes Problem antworten, wobei das Potential, die Musikgeschichte neu zu konfigurieren, jedem Wandel, jedem neuen Versuch überlassen bleibt.

IMPRESSUM

Gestaltung: Christoph Stolberg
Satz: Selitsch Weig
Lektorat: Svenja Bromberg, Morten Paul
Übersetzung: Daniela Voss
Druck: Druckhaus Nomos, Sinzheim

Erschienen im
August Verlag Berlin
Imprint im Verlag der Buchhandlung Walther König, Köln
Ehrenstr. 4, 50672 Köln
Tel. +49 (0) 221 / 20 59 6-53
Fax +49 (0) 221 / 20 59 6-60
E-Mail: august@augustverlag.de
www.augustverlag.de

Die Deutsche Nationalbibliothek verzeichnet diese Publikation in der Deutschen Nationalbibliografie; detaillierte bibliografische Daten sind über http://dnb.d-nb.de abrufbar

Printed in Germany

Vertrieb:
Deutschland & Europa
Buchhandlung Walther König, Köln
Ehrenstr. 4, 50672 Köln
Tel. +49 (0) 221 / 20 59 6-0
E-Mail: verlag@buchhandlung-walther-koenig.de

ISBN 978-3-941360-60-0